JN304022

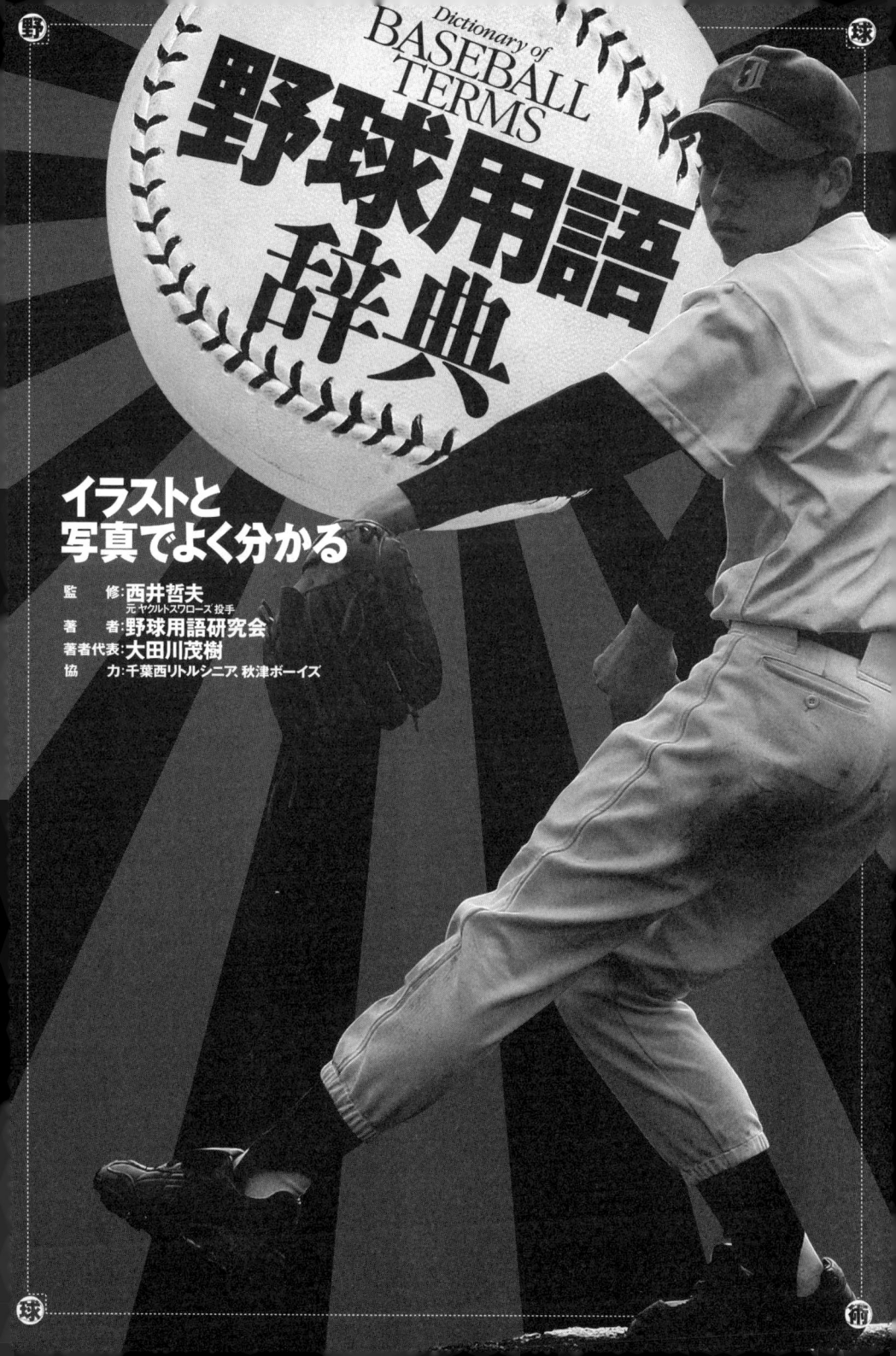

野球用語辞典

Dictionary of BASEBALL TERMS

イラストと写真でよく分かる

監　修：**西井哲夫**
　　　　元ヤクルトスワローズ投手
著　者：**野球用語研究会**
著者代表：**大田川茂樹**
協　力：千葉西リトルシニア、秋津ボーイズ

まえがき

　日本プロ野球の多くの花形選手がアメリカメジャーリーグに挑戦し、華々しい活躍を収めています。
　それにともないメジャーリーグのテレビ中継が増え、アメリカ野球が身近になりました。今まで使うことがなかった野球用語も、テレビを通じてどんどん入ってくるようになりました。
　野球用語を理解すると、野球の楽しみ方が違ってきます。
　野球中継を見る楽しさが倍になり、日本語表現と英語表現の違いを知るだけで、今まで経験しなかった野球の面白さを知ることができるようになります。
　この野球用語辞典は、プロ野球で選手として活躍した著者やアマチュア野球で指導に当たっている著者、今も選手として活躍している著者らが、実際に現場で指導、または指導を受けながら使っている野球用語と、メジャーの野球中継で使われている用語を中心に集めたものです。
　監督、コーチから大切な技術指導が行われても、野球用語の意味が分からずに、指導どおりに実践できない選手が数多くいます。そのために技術を伸ばせず、伸び悩んでいる選手もいます。
　分かっているつもりでも、本当の意味を理解しないまま聞き流してしまうことが多いようです。
　選手が自分の技術を伸ばしていく上で、監督、コーチのアドバイスや指導は大きなウエートを占めます。
　野球の基本技術を身につける上でも、用語を理解するということはたいへん大切なことです。
　ここに掲載した用語は、野球用語の全てではありませんが、ぜひとも、覚えていただきたい野球用語を掲載しました。
　選手、指導者、または野球中継を見ることで野球を楽しみたいすべての人々のために本書を書き下ろしました。

2008年1月　著者代表　大田川茂樹

野球用語辞典

Dictionary of BASEBALL TERMS

本書の編集方針について

1. あいうえお順に掲載してあります。
2. 同じ意味の用語がある場合は、→で表記し、どちらか、または両方に解説を入れました。
3. 本書は2008年1月現在までに調査した結果によるものです。チームの優勝回数や組織変更など2008年2月以降に変更になる可能性があるものも含まれています。
4. 英語表記は、ここに掲載したものの他に多くの用語があります。ここでは日本語用語に対応する用語の中から、一般的な用語を選び掲載しました。

アーチ
【あーち】【home run】
　直接外野スタンドに飛び込むホームラン。

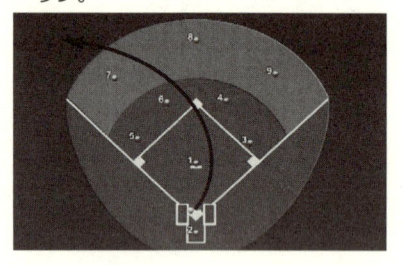

アームガード
【あーむがーど】
　バッティングの時にヒジをカバーする防具。

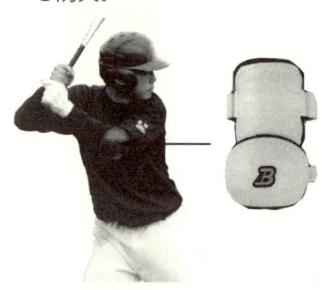

アーム式
【あーむしき】
　投球時の腕が、バッティングマシンのように伸びたまま上がっていく投げ方。

アーリーコッキング
【あーりーこっきんぐ】
【early cocking】
　ボールを持つ手がグラブから離れ、投球動作に移り、前足が着地するまでのところ。(117頁参照)

アーンドラン
【あーんどらん】【earned run】
　投手が自分の責任で与えた失点。エラーによる失点は除かれるが、走者を出して降板した時は、その走者が得点すれば、走者を出した投手の自責点になる。防御率算出の基礎になる。
→自責点

アイシング
【あいしんぐ】【ice down】
　投手が投球の後、肩やひじを冷やすこと。

愛知大学野球連盟
【あいちだいがくやきゅうれんめい】
　愛知県の大学で構成されている連

盟。全日本大学野球連盟の傘下で、2008年1月現在、下記の27大学が加盟している。
愛知学院大学、名古屋商科大学、
同朋大学、愛知学泉大学
日本福祉大学、南山大学
愛知教育大学、愛知淑徳大学
中京大学、名城大学
愛知産業大学、中部大学
名古屋学院大学、名古屋経済大学
東海学園大学、名古屋工業大学
大同工業大学、名古屋市立大学
名古屋外国語大学、愛知大学
愛知工業大学、名古屋大学
愛知文教大学、東邦学園大学
名古屋産業大学、星城大学
人間環境大学

ID野球
【あいでぃーやきゅう】
【Important Data Baseball】
データを重視した野球。

アイビースタジアム
【あいびーすたじあむ】
→宮崎市生目の杜運動公園野球場

アウト
【あうと】【out】
攻撃側の打者または走者が野球ルールによって、攻撃できなくなること。
アウトの種類
① 三振。
② フライをノーバウンドでキャッチされる。
③ フェアグラウンドにゴロを打ったが、打者走者が一塁ベースに着くより早く野手がボールを捕球しベースを踏んだ。
④ ベースを離れている走者がボールを持った野手にタッチされた。
など多くのアウトのケースがある。
→ダウン

アウトカウント
【あうとかうんと】【out count】
1イニング(回)でアウトになった数。

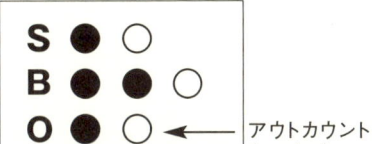

アウトカウント(1アウト)

アウトコース(コーナー)
【あうとこーす(こーなー)】
【outside/out corner】
投手が投球したボールを、打者側から見て、左右は大まかに、内側、真ん中、外側に分けて、内角、真ん中、外角と表現している。内角のボールをインコース、外角のボールをアウトコースとも表現する。外角のボールはアウトコーナー、アウトサイドとも表現する。高低は高め(ハイ)、真ん中、低め(ロウ)と表現している。
(例)外角低めのストレート(アウトコース低めのストレート)、(アウトローのストレート)
→外角
→アウトサイド

アウトサイド
【あうとさいど】【outside】
→アウトコーナー
→外角

アウトサイドプロテクター
【あうとさいどぷろてくたー】
【outside protector】
　球審がシャツの上から使用するプロテクター。

アウトサイドベースボール
【あうとさいどべーすぼーる】
【outside baseball】
　攻撃重視の野球。

アウトステップ
【あうとすてっぷ】
【step in the bucket】
　打撃、投球、送球で踏み出す足を外側に開くこと。

アウトハイ
【あうとはい】
【high and outside】
　打者から見て外側の高い位置。
→外角高め

アウトフィールダー
【あうとふぃーるだー】【outfielder】
→外野手

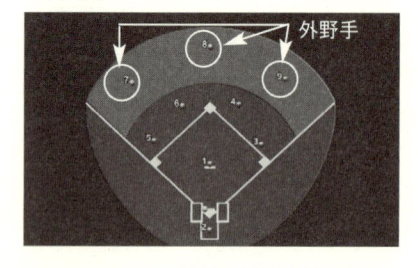

アウトロー
【あうとろー】【low and outside】
　打者から見て外角の低い位置。

安芸市営球場
【あきしえいきゅうじょう】
　高知県安芸市にある球場。両翼

96m、中堅118m。外野は天然芝球場。阪神タイガースがキャンプに使用している。
所在地
高知県安芸市桜ヶ丘町2248-1

秋田県立野球場
【あきたけんりつやきゅうじょう】
【Akita Komachi Stadium】

秋田市にある球場。愛称こまちスタジアム。両翼100m、中堅122m。プロ野球の公式戦にも使用されている。また、アマチュアの社会人野球大会、大学野球大会、高校野球大会などで使用されている。
所在地
秋田県秋田市新屋町字砂奴寄4-5

アクセラレーション
【あくせられーしょん】
【acceleration】

トップから加速しリリースまで。
（117頁参照）

悪送球
【あくそうきゅう】【dig out】

野手が投げたボールが逸れて、受ける野手が捕球できない送球のこと。投手がプレートを踏んでホームに投げる時は投球で、この時、捕手が捕れないボールを投げればワイルドピッチ（暴投）と記録される。投手がプレートを外して送球する時は、野手と同じで悪送球になる。

悪投
【あくとう】
→悪送球

浅い位置
【あさいいち】

いつも守っている定位置より浅いところ。

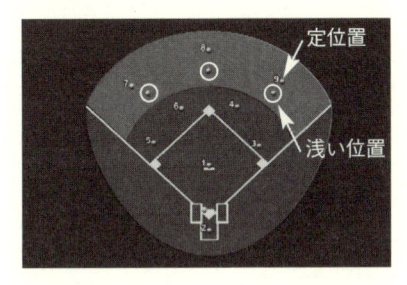

旭川市花咲スポーツ公園硬式野球場
【あさひかわしはなさきすぽーつこうえんこうしきやきゅうじょう】
【Asahikawa Starffin Stadium】

北海道旭川市にある球場。愛称スタルヒン球場。両翼95m、中堅120m。プロ野球の公式戦でも使用されている。また、高校野球の地方大会のメイン球場となっている。
所在地
北海道旭川市花咲町2（花咲スポーツ公園内）

アジアシリーズ
【あじあしりーず】

日本、台湾、韓国のリーグチャンピョンに中国代表を加えた4チームでアジアNo.1を決める試合のこと。
毎年、東京ドームで開催されている。2005年に開催された第1回大会は、千葉ロッテマリーンズ(日本)がサムスンライオンズ(韓国)を破って優勝した。第2回大会は北海道日本ハムファイターズ(日本)が、第3回大会は中日ドラゴンズ(日本)が優勝している。

第3回アジアシリーズ決勝戦

	1	2	3	4	5	6	7	8	9	計
中日ドラゴンズ	0	1	0	0	2	2	0	0	1	6
SKワイバーンズ	2	0	0	0	0	1	0	2	0	5

アシスト
【あしすと】【assist】

打者走者をアウトにするため他の野手へ送球してアウトにすること。他の野手がエラーをしてアウトにならなくても捕殺は記録される。
(例)二塁手がゴロを捕球して一塁手に送球。打者を直接的にアウトにしたのは一塁手だが、二塁手が打球を処理して一塁に送球したので、二塁手には補殺(アシスト)が記録される。
→捕殺

足で稼いだ(ヒット)
【あしでかせいだ(ひっと)】
【legger/leg hit】

平凡なゴロでも足が速く一塁セーフになりヒットを稼ぐこと。

アジャッジ
【あじゃっじ】【adjudge】
→ジャッジ

遊び球
【あそびだま】

2ストライク0ボールなど有利なカウントから、意識的にボール球を投げること。

当たっている打者
【あたっているだしゃ】

調子がよく、継続してヒットを打っているバッターのこと。

悪球打ち
【あっきゅううち】
【aggressive hitter】

ボール球（ストライクではないボール）を打つこと。

高めのボール球を伸び上がって打っている

圧勝
【あっしょう】【clean their docks】
　大差をつけて試合に勝つこと。

	1	2	3	4	5	6	7	8	9	計
Aチーム	2	3	0	1	2	3	2	1	2	16
Bチーム	0	0	0	0	0	0	0	0	0	0

Aチームの圧勝

アットバット
【あっとばっと】【at bat】
→打数

アッパースイング
【あっぱーすいんぐ】【uppercut】
　下から上へすくい上げるバットの振り方。

アップ
【あっぷ】【warm up】
　試合や練習前の準備運動。
→ウォーミングアップ

アトランタブレーブス
【あとらんたぶれーぶす】
【Atlanta Braves】
　1876年に創設。ナリーグに所属。1914年に初の世界一に輝いた。1957年にハンク・アーロンらの活躍で2度目のワールドシリーズ制覇。1982年には開幕13連勝で地区優勝を飾る。2005年まで、ストライキのシーズンを除き、14年連続で地区優勝を達成したが、2006年に3位になり記録が途切れた。

アトランティックリーグ
【あとらんてぃっくりーぐ】
【Atlantic League】
　アメリカの独立リーグの一つで、北地区と南地区に分かれて公式戦を行っている。

穴
【あな】【hole in the swing】
　① 打てない場所。
　(例)この打者は外角低めが穴だ。
　② 守備が弱い（エラーなどが多い）ポジション。
　(例)このチームはサードが穴だ。

このバッターは、外角低めと内角高めに穴がある

アピール（プレイ）
【あぴーる（ぷれい）】
【appeal/appeal play】
　攻撃側の選手がベースの踏み忘れなどでルールに違反したことを、守備側のチームが審判に申し入れること。野球規則では、アピールできるプレイとアピールできないプレイがある。アピールできるプレイは、三塁走者が外野フライでタッチアップ後ホームインしてセーフになったが、外野手が捕球する前に離塁したと判断した時や、走者がベースを踏まずに次のベースに達したと判断した時などがある。このようにアピールできるプレイをアピールプレイという。アピールできないプレイは、ストライク、ボールの判定やアウト、セーフの判定など。
→抗議

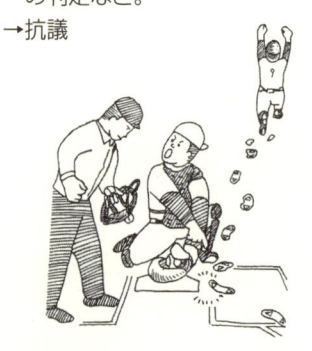

アピールアウト
【あぴーるあうと】
【out on appeal】
　守備側のアピールによってアウトになること。

アベックホームラン
【あべっくほーむらん】
　チームを代表する二人の強打者が、同一の試合で二人ともホームランを打つこと。連続でなくてもアベックホームランという。
（例）王、長嶋のアベックホームラン。

アヘッド
【あへっど】【ahead】
　得点が相手を上回っている時のこと。
→リード

アベレージヒッター
【あべれーじひったー】
　ヒットを打つことが上手で高打率を残す打者のこと。

あまく入る
【あまくはいる】
　投手の投球が、狙ったところより真ん中寄りに入ること。打者にとって打ちやすいボールになる。

外角をねらったが、手元がくるい、あまく入ったボール

アマチュア規定
【あまちゅあきてい】
野球を職業としない社会人野球、大学野球、高校野球、少年野球などが適用を受ける規定。大学野球や高校野球は学生野球憲章がある。アマチュア規定、学生野球憲章を分かりやすく理解するためアマチュア野球問答集がある。

アマチュア野球
【あまちゅあやきゅう】
野球を職業としない野球。社会人野球、大学野球、高校野球がアマチュア野球。中学生以下は少年野球、学童野球。

アマチュア野球の主な連盟

硬式野球
全日本アマチュア野球連盟
JOC、国際野球連盟に加盟
（社会人野球、学生野球）
■日本野球連盟
　体協加盟（社会人野球）
　9地区47都道府県連盟
■日本女子野球協会
　（女子野球）
■日本学生野球協会
　（主催大会はあるが、部門別開催）
■全日本大学野球連盟
　26連盟（大学野球）
■日本高等学校野球連盟
　9地区47都道府県連盟
　（高校野球）
■全国高等学校女子硬式野球連盟
　（ソフトボール部の大会出場も可）
■全日本リトル野球協会
　（リトルシニア）（少年野球）
■日本少年野球連盟
　（ボーイズリーグ）（少年野球）
■全日本少年硬式野球連盟
　（ヤング）（少年野球）
■九州硬式少年野球連盟
　（フレッシュ）（少年野球）
■日本ポニーベースボール協会
　（ポニー）（少年野球）
■日本硬式少年野球連盟
　（ジャパン）（少年野球）
■全国少年野球連盟
　（サン）（少年野球）

準硬式野球
■全日本大学準硬式野球連盟
　9地区25連盟（大学野球）

軟式野球
全日本軟式野球連盟
体協加盟
■一般の部（社会人野球）
　9地区47都道府県支部
■少年の部（少年野球）
　9地区47都道府県支部
■学童の部（学童野球）
　9地区47都道府県支部
■全日本大学軟式野球協会
　主催大会なし
■全日本大学軟式野球連盟
　22連盟（大学野球）
■全日本学生軟式野球連盟
　6連盟（大学野球）
■日本高等学校野球連盟
　9地区47都道府県連盟
　（高校野球）

その他、専門学校や草野球など多くの連盟がある。

アマチュア野球問答集
【あまちゅあやきゅうもんどうしゅう】

プロ、アマ関係、アマチュア違反、寄付金、その他に関する内容が問答形式で分かりやすく説明してある。

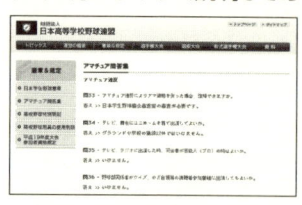

高野連のHPに掲載されている。
http://www.jhbf.or.jp/rule/qa/

ア（メリカン）リーグ
【あ（めりかん）りーぐ】
【American League】

米国メジャーリーグの一つ。1901に設立。東地区5（ニューヨークヤンキース、ボストンレッドソックス、ボルティモアオリオールズ、タンパベイデビルレイズ、トロントブルージェイズ）、中地区5（ミネソタツインズ、シカゴホワイトソックス、クリーブランドインディアンス、デトロイトタイガース、カンザスシティロイヤルズ）、西地区4（ロサンゼルスエンゼルス、オークランドアスレチックス、テキサスレンジャーズ、シアトルマリナーズ）の14チームから成り、指名打者制を取り入れている。

アメリカンリーグスタイル
【あめりかんりーぐすたいる】
【American League style】

DH制もあり、攻撃中心の試合が多い。このようなスタイルをアメリカンリーグスタイルと呼んでいる。

アリゾナダイヤモンドバックス
【ありぞなだいやもんどばっくす】
【Arizona Diamondbacks】

米国アリゾナを本拠地にするメジャーリーグの球団。ナリーグに所属。1998年、ナリーグの拡張でデビルレイズとともに誕生。1999年に2年目で地区優勝。2001年には創設4年目という最短でワールドシリーズを制した。

歩かせる
【あるかせる】

四球で打者を一塁へ進ませること。

アルファ勝ち
【あるふぁがち】【alpha】

後攻のチームがリードしているため最終回の攻撃をせずに勝つこと。現在は×と記入するが、昔はα（アルファ）と記入していたためアルファ勝ちといわれるようになった。現在はほとんど使われなくなった。

	1	2	3	4	5	6	7	8	9	計
Aチーム	0	0	0	0	2	0	0	0	0	2
Bチーム	0	0	1	0	0	0	3	0	×	4

アルファ勝ち →

アルプススタンド
【あるぷすすたんど】【Alps Stand】

阪神甲子園球場の内野席の外野側にある観覧席。高校野球の甲子園大会の応援席。

アルプススタンド

アルペンスタジアム
【あるぺんすたじあむ】
→富山市民球場アルペンスタジアム

(投球が)荒れている
【(とうきゅうが)あれている】
投手のコントロールが悪く、ボールが多い投球。

安全進塁権
【あんぜんしんるいけん】
ボークやエンタイトルツーベースなどで、安全に先の塁に進める権利。

安全に二塁まで進める

安打
【あんだ】【hits】
ヒットのこと。新聞や雑誌では「投安」「三安」「右安」「中安」のように略字で掲載されることが多い。「投安」は投手への内安打、「右安」はライトへのヒットでそれぞれ単打のこと。
→ヒット

アンダーシャツ
【あんだーしゃつ】【undershirt】
ユニフォームの下に着るシャツ。チーム全員同じ色の物を着用する。

アンダーシャツ

アンダー(ハンド)スロー
【あんだー(はんど)すろー】
【underhand pitch】【submarine】
下から投げる投げ方。下手投げともいう。

安打製造機
【あんだせいぞうき】
① いつでもヒットを打てる打者。
② 高打率の選手。

アンツーカー
【あんつーかー】【en-tout-cas】
全天候型グラウンド。
外野フェンス前のあかい土の部分。

アンツーカー

アンパイア
【アンパイア】【umpire】
プレイを判定する人。審判。

アンフェア
【あんふぇあ】
フェアでないこと。

イージーゴロ
【いーじーごろ】
【routine grounder】
　かんたんなバウンドの打球。捕りやすいゴロ。

イージーフライ
【いーじーふらい】【pop fly】
　かんたんなフライ。誰にでもとれるほど簡単なフライ。
→凡フライ
→ポップフライ

イースタンリーグ
【いーすたんりーぐ】
【Eastern League】
　東日本のプロ野球チームによる若手選手育成リーグ（二軍）。
　リーグ運営はセリーグが行う。
　現在は北海道日本ハムファイターズ、東北楽天ゴールデンイーグルス、埼玉西武ライオンズ、千葉ロッテマリーンズ、読売ジャイアンツ、東京ヤクルトスワローズ、湘南シーレックス（横浜ベイスターズ）の7チームで試合を行う。

イーファス
【いーふぁす】【eephus】
　山なりの投球。

いい目（をしている）
【いいめ（をしている）】
　選球眼が良いこと。

育成選手
【いくせいせんしゅ】
　プロ野球選手の育成を目的とした制度。2006年から実施されている。プロ野球は70人の支配下選手枠があり、支配下選手でなければ一軍の試合に出場できない。支配下登録されていない選手を育成選手という。育成選手は一軍での試合には出場できないが、二軍の試合には出場できる。また、毎年6月末までに支配下選手に登録されれば、一軍での試合出場が可能になる。

1インチ
【いちいんち】
　2.5399cm。

一、二塁間
【いちにるいかん】
　一塁と二塁の間。

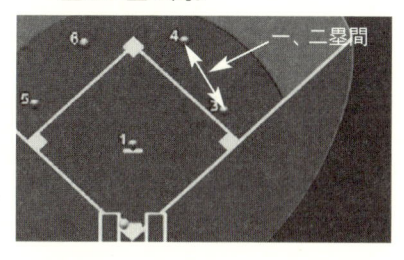

一番打者
【いちばんだしゃ】【lead off】
　試合で打撃順が一番のバッター。

1フィート
【いちふぃーと】
　0.304794m。

一流選手
【いちりゅうせんしゅ】
【blue-chipper】
　① 野球技術や野球に取り組む姿勢などが、他の選手に比べて格段にレベルが高い選手。
　② 毎年、好成績をあげる選手。

一塁（ベース）コーチ
【いちるい（べーす）こーち】
【first base coach】
　一塁側のコーチボックスで、選手に指示を与えるコーチ。

一塁手
【いちるいしゅ】
【first baseman】
　一塁ベース付近を守る選手のこと。
→ファースト

一塁線
【いちるいせん】【first base line】
　本塁から一塁ベースの延長線上に引かれた白線のライン。
（例）一塁線のヒット。

一塁塁審
【いちるいるいしん】
【first base umpire】
　一塁ベース付近に位置する塁審。

17

一球入魂
【いっきゅうにゅうこん】
　一球一球に全神経を集中させること。

1点差ゲーム
【いってんさげーむ】
【one-run game】
　1点差で試合が進行、または終了した、1点を競う好ゲームのこと。

	1	2	3	4	5	6	7	8	9	計
Aチーム	0	0	0	0	1	0	0	0	0	1
Bチーム	0	0	1	0	0	0	1	0	×	2

一本足打法
【いっぽんあしだほう】
　テイクバックで前足を上げ、軸足一本で立ち、パワーを溜める打法。一本足といえば、現役時代に読売ジャイアンツで大活躍した王貞治選手のこと。

糸を引くような
【いとをひくような】【hot】
　① 真っすぐの。
　② ライナーの。
　(例)糸を引くようなライナーのホームラン。

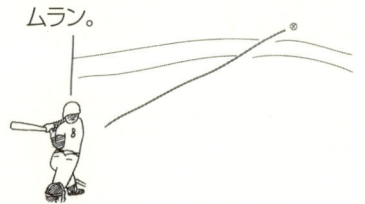

イニング
【いにんぐ】【inning】
　九回のそれぞれの回のことをイニングという。

	1	2	3	4	5	6	7	8	9	計
Aチーム	0	2	0	0						2
Bチーム	0	0	1	0						1

↑イニング

意表を突いたバント
【いひょうをついたばんと】
【surprise bunt】
　相手チームが予期していないバント。
　(例)2アウト三塁から相手の意表を突いたバントで得点をあげた。

イリーガリーバッテッドボール
【いりーがりーばってっどぼーる】
【illegally batted ball】
　① 反則打球(打者はアウトになる)。
　② 打者が片方または両方の足をバッターボックスから完全に出して打った打球。
　③ 打者が打った打球が故意でなくてもフェアグラウンド内で再度バットに当たった時。

イリーガル(イリガリー)
【いりーがる(いりがりー)】
【illegally】
　野球規則に反すること。

イリーガルピッチ
【いりーがるぴっち】
【illegal pitching】
　① 反則投球(走者がいる時はボーク、いない時はボールになる)。
　② 軸足で投手板を踏まない投球。
　③ クイックリターンピッチ(打者が構える前に投球をする)など。
→反則投球
→不正投球

イレギュラー(バウンド)
【いれぎゅらー(ばうんど)】
【bad hop/ nasty hop/ bad bounce】
　不規則なバウンド。不規則なバウンドのため捕球しにくい。

イレギュラーヒット
【いれぎゅらーひっと】
【base on stones】
　打球がイレギュラーバウンドしたため、野手が捕球できなくて、打者が一塁に生きたヒットのこと。

イレギュラーメンバー
【いれぎゅらーめんばー】
【irregular member】
　レギュラーメンバーではないメンバー。いつも先発で出場するメンバーがレギュラーメンバー。

インカーブ
【いんかーぶ】【incurve】
　インコースのカーブ。

インコース(コーナー)
【いんこーす(こーなー)】
【incorner/inside】
　内角。打者から見て体に近い方が内角。
→内角
→インサイド

インサイド
【いんさいど】【inside】
　① 内側、内角。
　② 頭を使った。

インサイドパークホームラン
【いんさいどぱーくほーむらん】
【inside park homerun】
　アメリカでは、ランニングホームランのことをインサイドパークホームランという。

インサイドプロテクター
【いんさいどぷろてくたー】
　球審がシャツの内側に着ける防具。

硬式用

インサイドベースボール
【いんさいどべーすぼーる】
【inside baseball】
　頭を使った野球。状況を判断して頭脳的に考えたプレイのこと。

インサイドワーク
【いんさいどわーく】【inside work】
　捕手が頭を使って投手をリードすること。配球などを工夫すること。

インザホール
【いんざほーる】【in the hole】
　バッターやピッチャーがボールカウントで追い込まれている状態。ピッチャーインザホールは、0ストライク3ボールか1ストライク3ボールの時に使い、ピッチャーにとって不利な状態のこと。バッターインザホールは、2ストライク0ボールか2ストライク1ボールの時に使い、バッターにとって不利な状態のこと。

インジェパーディ
【いんじぇぱーでぃ】【in jeopardy】
　インプレイ中に、攻撃側の選手がアウトにされるおそれがある状態。

タッチされればアウトになる

インジケーター
【いんじけーたー】【indicator】
　審判がアウトカウントやボールカウントを間違わないために記録を残す道具。ストライク、ボール、アウトの欄に数字が出るように作られている。
→カウンター

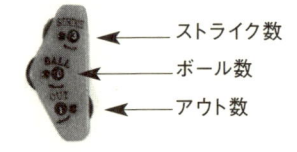

　　　　　← ストライク数
　　　　　← ボール数
　　　　　← アウト数

インシュート
【いんしゅーと】【in shoot】
　内角のシュートボール。右投手と右打者の場合、投手の投げたボールが内側に曲がってくるボールのこと。

インステップ
【いんすてっぷ】【instep】
　打撃、投球、送球で踏み出す足を真っすぐ出さず、内側にステップすること。

インセンティブ契約
【いんせんてぃぶけいやく】
【incentive contract】
　出来高給のことで、年俸とは別に成績に応じて報酬が支払われる契約のこと。

インターバル
【いんたーばる】【interval】
　投球間隔のこと。

インターフェア
【いんたーふぇあ】【interfere】
　妨害。打者走者や走者が、打球を処理しようとしている野手を避けずに接触して妨害すること。また、守備側の選手が打者の打撃を妨害することなど。打者走者や走者が野手を妨害したら、打者走者はアウトになり、進塁した他の走者は戻される。また、打撃を妨害された打者は一塁が与えられるが、打撃妨害をされたにもかかわらず二塁打を打った場合など、攻撃側にとって一塁を与えられるより有利な時は、有利な方を選択できる。

ホームスチールの走者にタッチしようとして捕手が打撃を妨害

走者が守備を妨害

インターリーグ
【いんたーりーぐ】【interleague】
　メジャーのアリーグとナリーグの交流試合のこと。日本のプロ野球でも、2005年からパリーグとセリーグの交流戦が行われている。

引退試合
【いんたいじあい】
　球団を引退する選手の最後の試合のこと。

インデペンデントチーム
【いんでぺんでんとちーむ】
【independent team】
　① 独立リーグの球団。
　② メジャーリーグに属さない球団。

インデペンデントプレーヤー
【いんでぺんでんとぷれーやー】
【independent player】
　① 無所属選手。
　② メジャーリーグに属さない選手。

インナーゲーム
【いんなーげーむ】【inner game】
→インサイドベースボール

インナーマッスル
【いんなーまっする】
　肩の内側の筋肉。

インハイ
【いんはい】【inhigh】
　内角高め。

インパクト
【いんぱくと】【impact】
　打者がボールを打つ瞬間。打者のバットと投手が投球したボールが当たる瞬間のこと。
→ミートポイント

インフィールド
【いんふぃーるど】【infield】
→内野

インフィールドフライ
【いんふぃーるどふらい】
【infield fly/fly rule】
　無死または一死で走者一、二塁か満塁の時、打者が内野フライを打ち上げた時に宣告されるフライ。打者は宣告された時点でアウトになり、走者は野手が落球して次の塁に進まなくてもアウトにはならない。守備側がフライをわざと捕らずにダブルプレイを取るのを防ぐためのルール。走者は、野手が落球したら危険を冒して次の塁を狙ってもよい。インフィールドフライが宣告されても、打球がファウルグラウンドに落ちて、そのままファウルグラウンドに止まったらファウルになる。

インフィールダー
【いんふぃーるだー】【infielder】
→内野手

インフライト
【いんふらいと】【in flight】
ボールが空中にあり、選手にも、地面にも、フェンスにも触れていない状態のこと。

インプレイ
【いんぷれい】【in play】
プレイ続行中のこと。球審が「プレイ」を宣告するとインプレイとなり、プレイが始まる。プレイの始まりから、ファウルボールや審判員がタイムをかけるなどでプレイが止まるまでのことをインプレイ（ボールインプレイ）という（プレイが止まっている時のことはボールデッドという）。

プレイ！

プレイがかかるとボールインプレイになる

インプレイ中のボール
【いんぷれいちゅうのぼーる】
【live ball】
試合中のボールのことで、生きているボールともいって、プレイ続行中のボールのこと。ボールデッドの時やタイムがかかっている時のボールは、インプレイ中のボールではなく、プレイできない。

インモーション
【いんもーしょん】【in motion】
① スタートを切る。
② 盗塁のためスタートを切る。

インロー
【いんろー】【inlow】
インコース低め
→内角低め

略語		
守備番号	守備位置	略語
1	投手	P
2	捕手	C
3	一塁手	1B
4	二塁手	2B
5	三塁手	3B
6	遊撃手	SS
7	左翼手	LF
8	中堅手	CF
9	右翼手	RF
	指名打者	DH

ウイニングショット
【ういにんぐしょっと】
【strikeout pitch】
　決め球。投手が得意にしているボールのこと。打者を2ストライクに追い込んだ後、三振を取りにいくボールのことなので、ウイニングショットという。

ウイニングボール
【ういにんぐぼーる】
【winning ball】
　勝敗が決着した時に使用していたボール。

ウイニングラン
【ういにんぐらん】【winning run】
① 試合に勝つことを決定づけた得点。
② 試合に勝った後、勝利を喜び、応援席の前を軽いランニングで回り、祝福を受ける行為。

ウインターリーグ
【ういんたーりーぐ】
【winter League】
　メジャーリーグのシーズンオフに米国外で行われるリーグ戦。メキシコ、ドミニカ、ベネズエラ、プエルトリコ、パナマで行われるリーグ戦。

ウインドブレーカー
【ういんどぶれーかー】
【baseball jacket】
　ユニフォームの上から着るジャンパーのこと。試合中に着ることはできないが、投手が走者になった時など、審判が認めれば着用することができる。

ウエイティング
【うえいてぃんぐ】【take】
　打者が、ストライクでも打たないと決めてバッターボックスに立ち、ボールを見送ること。

ウエイティングサークル
【うえいてぃんぐさーくる】
【on-deck circle/waiting circle】
　打撃をする次の打者がいなければいけない場所。打席とベンチの間にあり、○で囲まれている。

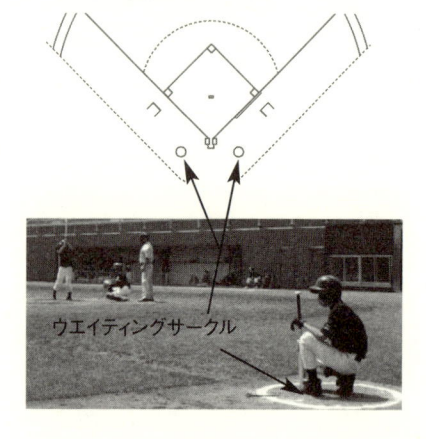

ウエートトレ
【うえーととれ】
筋力トレーニング。

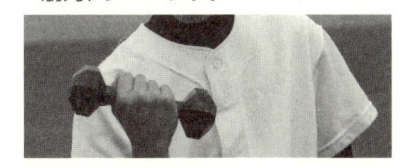

ウエーバー
【うえーばー】【waivers】
ドラフト会議などで使われる制度で、成績の低いチーム順に対象選手を指名していくこと。
（例）今年のドラフトはウエーバー順と決定した。

ウエスタンリーグ
【うえすたんりーぐ】
【Western League】
西日本のプロ野球チームによる若手選手育成リーグ。リーグ運営はパ・リーグが行う。中日ドラゴンズ、阪神タイガース、サーパス神戸（オリックスバファローズ二軍）、広島東洋カープ、福岡ソフトバンクホークスが加盟している。

ウエストボール
【うえすとぼーる】【waste pitch】
投手が、打者に打たれないよう、ストライクゾーンから大きく外して投げるボールこと。

ウオーム（ミング）アップ
【うおーむ（みんぐ）あっぷ】
【warm up】
→アップ

内捻り
【うちねじり】
内側に捻ること。

両腕の親指が内側（体の方向）を向き両腕が内に捻れている

右中間
【うちゅうかん】
【right-center field】
ライトとセンターの間。
（例）右中間を破る三塁打。

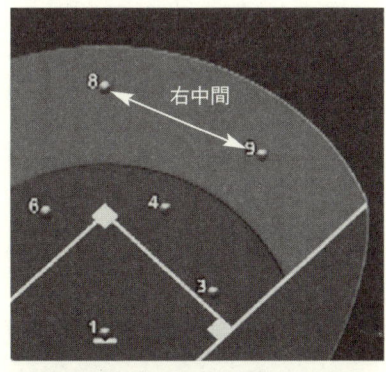

雨天中止ゲーム
【うてんちゅうしげーむ】
【washout】
　雨で中止になった試合。

うねり打法
【うねりだほう】
　下から順にうねりを戻していく打法。

右翼手
【うよくしゅ】【rightfielder】
　外野手の一人で、外野の右側で守る選手。
→ライト（フィルダー）

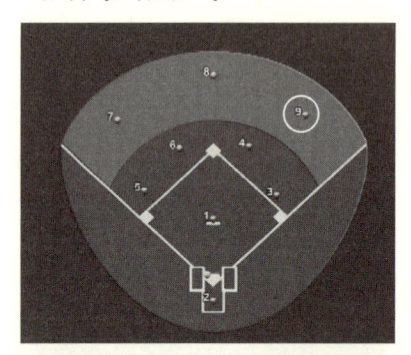

裏
【うら】【lower half】
　後攻のチームが攻撃する回（イニング）。野球の試合には表と裏があり、先攻のチームが攻撃する回を表といい、後攻の攻撃する回を裏という。（例）3回の裏に先取点を取った。

浦添市民球場
【うらそえしみんきゅうじょう】
【Urasoe Municipal Baseball Stadium】
　沖縄県浦添市にある野球場。両翼98m、中堅122m。東京ヤクルトスワローズがキャンプで使用している。
所在地　沖縄県浦添市仲間1-73-1（浦添運動公園内）

右腕投手
【うわんとうしゅ】【northpaw】
　右投げの投手。

永久欠番
【えいきゅうけつばん】
【retired number】
　プロ野球で、多くの実績と記録を残した選手の栄誉をたたえ、その選手が在籍したチームでは、その選手の栄誉を傷つけないために、他の選手が使用できなくした背番号のこと。日本のプロ野球では読売ジャイアンツの1番、王貞治(一塁手)、3番、長嶋茂雄(三塁手)、メジャーリーグではヤンキースの3番、ベーブルース(外野手)、4番、ルーゲーリック(一塁手)など多くの永久欠番がある。

1	3
王 貞治	長嶋茂雄

Aチーム
【えいちーむ】【A team】
　一軍のチーム。チームのベストメンバー。Bチームは二軍のチーム、少年野球では下級生チームのこと。

エース
【えーす】【ace】
① チームで一番良い選手のことで主に投手のこと。
② ツーストライク後に投げる決め球のこと。

エースピッチャー
【えーすぴっちゃー】【number 1】
　チームで一番良い投手のこと。

エキストライニング
【えきすとらいにんぐ】
【extra inning】
　タイスコアで延長戦になった時の回(イニング)。延長の回。

	1	2	3	4	5	6	7	8	9	10	11	12	計
Aチーム	0	0	2	0	0	0	0	0	0	0			2
Bチーム	0	0	0	1	0	0	0	1	0	0			2

　　　　　　　エキストライニング

エクスパンション
【えくすぱんしょん】【expansion】
　新規加盟でチーム数を増やすこと。英語で拡張という意味。

エバース(戦法)
【えばーす(せんぽう)】
【evars system】
　バントの構えからバットを引いて投球を見送ること。メジャーにいたジョニー・エバースがこの戦法を使って内野手を前進させ、その間に盗塁を成功させてから「エバース戦法」といわれるようになった。現在は、内野の守備隊形を確認するため、この作戦を使うことが多い。

バントの構えからバットを引く

愛媛マンダリンパイレーツ
【えひめまんだりんぱいれーつ】
　愛媛に本拠地を置く四国・九州アイランドリーグの所属球団のひとつ。愛媛県の特産品でもある「みかん」と地元に古くから伝えられている「日

本一の水軍」＝パイレーツの強さを組み合わせ、みかん色をロゴとユニフォームに使用している。

FA（宣言）
【えふえー（せんげん）】
→フリーエージェント

MLB
【えむえるびー】
【Major League Baseball】
　アメリカメジャーリーグ野球の略。日本人の松井選手やイチロー選手がプレイしている。
→メジャーリーグ
→大リーグ

MVP
【えむぶいぴー】
→最高殊勲選手賞

エメリーボール
【えめりーぼーる】【emery ball】
　ボールをサンドペーパーなどで擦りザラザラにしたもの。

エラー
【えらー】【errors】
　簡単な打球を捕れなかったり、悪送球などのミスでアウトを取れないこと。
→失策

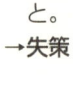

遠征
【えんせい】
　本拠地以外のグラウンドへ、試合や練習のため出かけること。

エンタイトルツーベースヒット
【えんたいとるつーべーすひっと】
【ground-rule double】
　フェアグラウンドに一度バウンドして、外野スタンドに飛び込んだヒット。二塁打になる。

延長戦
【えんちょうせん】
【extra innings game】
　9回では決着がつかず、10回以上に突入した試合（中学生以下は7回戦、と決められているが、各連盟により異なることもある）。

遠投
【えんとう】
　長い距離を投げること（フォームを大きくする目的や肩を強くするために行うことが多い）。

エンドラン
【えんどらん】【hit and run】
　ヒットエンドランのこと。投球と同時に走者が走り、打者はどんなボールでも打つ作戦のこと。

走者は走る

打者は打つ

追い越し
【おいこし】
前の走者を追い越すこと。

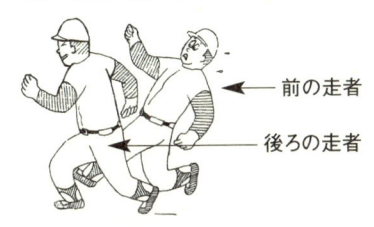

← 前の走者
← 後ろの走者

追い越しアウト
【おいこしあうと】
走者が前の走者を追い越してアウトになること（走者は野球ルールで、前の走者を追い越していけないことになっている。追い越した時点でアウトになる）。

ON砲
【おーえぬほう】
1960年代に読売ジャイアンツの三、四番に固定された王貞治と長嶋茂雄は、お互いに打ちまくり打撃三部門をほぼ独占した。ファンは二人のことをON砲と呼び、プロ野球界の中でも特別な存在となった。

オークランドアスレチックス
【おーくらんどあすれちっくす】
【Oakland Athletics】
米国オークランドを本拠地にするメジャーリーグの球団。アリーグに所属。1901年に誕生。1968年オークランドに本拠地を移転、アスレチックスとなる。オーナーのコニーマックは監督兼任で、5度ワールドシリーズを制覇。1972〜74年にはワールドシリーズ3連覇。1989年に9度目のワールドシリーズを制覇した。

OKボール
【おーけーぼーる】【circle change】
→サークルチェンジ
→チェンジアップ

大阪ドーム
【おおさかどーむ】
【Osaka Dome/(Kyocera Dome Osaka)】
大阪市にあるドーム球場。オリックスバファローズの本拠地。両翼100m、中堅122m。
命名権を売却し、2008年1月現在、京セラドーム大阪と呼ばれている。
所在地
大阪府大阪市西区千代崎三丁目中2番1号

オーダー
【おーだー】【order】
打順と守備位置のこと。

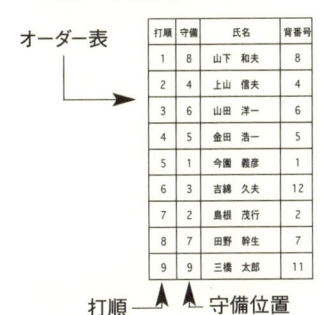

オーダー表

打順	守備	氏名	背番号
1	8	山下 和夫	8
2	4	上山 信夫	4
3	6	山田 洋一	6
4	3	金田 浩一	5
5	7	今園 義彦	1
6	3	吉藤 久夫	12
7	5	島根 茂行	2
8	2	田野 幹生	7
9	9	三橋 太郎	11

打順 ─ 守備位置

オーナー
【おーなー】
球団の所有者のこと。

オーバースライディング
【おーばーすらいでぃんぐ】
【oversliding】
→おーばーすらいど

オーバースライド
【おーばーすらいど】【overslide】
　ベースに滑り込み、勢い余ってベースを離れ、アウトにされるおそれがある状態。本塁から一塁への滑り込みは、その勢いで塁を離れても、直ちに戻ることを条件に許されている。
→オーバースライディング

オーバー(ハンド)スロー
【おーばー(はんど)すろー】
【overhand pitch】
　日本では上から投げる投げ方のことをいう。オーバーハンドスローの方が正しい。アメリカでオーバースローは高めの暴投という意味。

オーバーフェンス
【おーばーふぇんす】
【over the fence】
　フェンスを越えるホームランのこと。

オーバーラン
【おーばーらん】【overrun】
① ベースを踏んで、ベース上に止まらずに行き過ぎること。
② ベースを踏んで、次の塁方向に進むこと。

オープニングゲーム
【おーぷにんぐげーむ】
【opening game】
→開幕試合

オープンゲーム
【おーぷんげーむ】
【exhibition game/preseason game/open geme】
　公式戦が始まる前に行う試合のこと。
→オープン戦

オープンスタンス
【おーぷんすたんす】【open stance】
　打者が、最初から前足を開いて構えるスタンスのこと。

オールスターゲーム
【おーるすたーげーむ】
【All-Star Game】
　リーグの優秀な選手だけを集めて行う試合のこと。日本のプロ野球ではセリーグとパリーグから選手を選出して2試合行っている。メジャーリーグはナリーグとアリーグから選手を選出して毎年1試合行っている。

オールラウンドプレーヤー
【おーるらうんどぷれーやー】
【allround player】
　どのポジションでも守れる選手。

拝み捕り
【おがみとり】【clamshell catch】
　両手を合わせて、拝むような姿勢でボールを捕球すること。

岡山県倉敷スポーツ公園野球場
【おかやまけんくらしきすぽーつこうえんやきゅうじょう】
　岡山県倉敷市にある球場。愛称マスカットスタジアム。両翼99.5m、中堅122m。外野は天然芝球場。プロ野球の公式戦にも使用されている。
所在地
岡山県倉敷市中庄3250-1（倉敷スポーツ公園内）

（球を）置きにいく
【（たまを）おきにいく】【cripple】
　投手が、ストライクをとるために力を加減して投げるボールのこと（ストライクゾーンに置きにいくようなボールなので置き玉ともいう）。

沖縄市野球場
【おきなわしやきゅうじょう】
【Okinawa Municipal Baseball Stadium】
　沖縄市にある野球場。両翼96m、中堅118m。広島東洋カープが春の一次キャンプで使用している。
所在地
沖縄県沖縄市諸見里2-1-1（沖縄市総合運動場内）

送りバント
【おくりばんと】【sacrifice bunt】
　一塁または二塁にいる走者を次の塁に進めるためのバント。
→犠牲バント

抑え
【おさえ】【closer/ fireman】
→クローザー
→ストッパー

押し出し
【おしだし】【walk the bases full】
　走者満塁の時の四死球で、走者が押し出され得点が入ること。

おっつけ（て打つ）
【おっつけ（てうつ）】
　ボールを呼び込んで右打者は右方向へ、左打者は左方向へ打つこと。

オフィシャルスコアラー
【おふぃしゃるすこあらー】
【official scorer】
　公認された記録員。エラーかヒットかの判断などの記録を、独自の判断で決定する権限を持っている。
→公式記録員

オフィシャルルールズ
【おふぃしゃるるーるず】
【official rules】
　公認のルール。日本の野球は、プロ野球もアマチュア野球も各年度の公認野球規則に従って行われている。公認野球規則は日本プロフェッショナル野球組織と日本野球連盟が発行している。

オフェンス
【おふぇんす】【offense】
　攻撃側。攻撃側のチームまたは選手。

オブストラクション
【おぶすとらくしょん】
【obstruction】
→走塁妨害

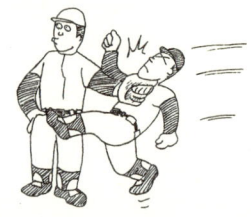

重い球
【おもいたま】【heavy ball】
　打ったときに重く感じるボール(ボールに回転がかかってないと重く感じる。また、ボールに威力があると重く感じる)。

表
【おもて】
　野球の攻撃には表と裏があり、各イニングで先に攻撃する方が表で、後に攻撃する方が裏になる。

	1	2	3	4	5	6	7	8	9	計
Aチーム	0	2								2
Bチーム	0	0								0

三回表の攻撃　←表

泳ぐ
【およぐ】
　打者がミートポイントまで待ちきれず、上体を前に出して打つこと。

オリックスバファローズ
【おりっくすばふぁろーず】
【Orix Buffaloes】
　日本のプロ野球球団。パリーグに所属し、京セラドーム大阪を本拠地にしている。ファーム(二軍)の球団名はサーパス神戸で、あじさいスタジアム北神戸を本拠地にしている。1936年阪急職業野球団として創立。その後、阪急ベアーズ、阪急ブレーブスに改称。1989年に球団経営が代わり、チーム名もオリックスブレーブスに改称。さらに1991年、オリックスブルーウェーブと改称し神戸に本拠地を移した。2004年近鉄と合併し現在のオリックスバファローズとなる。2007年までの戦績は、リーグ優勝12回、日本シリーズ優勝4回。

カーテンコール
【かーてんこーる】【curtain call】
　観客がすばらしいプレイをした選手の名前を繰り返し呼び、その選手が観客席に向かって手を振って応えること。

カード
【かーど】【card】
　組み合わせのこと。

カーブ
【かーぶ】【curve ball】
　右投手の場合、捕手方向から見て右に落ちながら曲がるボール。

外角
【がいかく】【outside】
　打者から見て外側。
　→アウトコーナー

外審
【がいしん】
　外野のプレイを判定する審判。レフト線とライト線に位置する。
　→線審

外旋
【がいせん】
　腕が体の外側に向かって捻れる動き。

腕が体の外側に捻れる

快速球投手
【かいそっきゅうとうしゅ】
【fireballer】
　特別に速いボールを投げる投手のこと。

下位打線
【かいだせん】
【bottom of the order】
　六番、七番、八番、九番打者のこと（一番から五番打者までを上位打線というが、六番まで入れることもある）。

回転運動
【かいてんうんどう】
　投球やバッティングは体の回転によって力を生み出す。その回転のことを回転運動という。

回転運動

開幕
【かいまく】
　公式戦が始まること。
　(例1) プロ野球が開幕した。
　(例2) 開幕投手は○○に決まった。

開幕試合
【かいまくじあい】【opener】
　公式戦の最初の試合。
→オープニングゲーム

開幕投手
【かいまくとうしゅ】
　開幕試合に先発する投手。通常はチームのエースが登板する。

外野
【がいや】【outfield】
　内野の後方にあるフィールド。

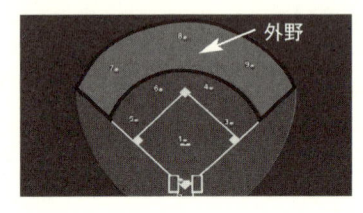

外野手
【がいやしゅ】【outfielder】
　外野に守っている三選手(左翼手、中堅手、右翼手)のこと。

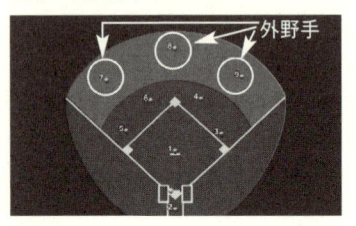

外野席
【がいやせき】【bleacher】
　外野にある観覧席のこと。

外野フェンス
【がいやふぇんす】【garden wall】
　外野を囲んだフェンスのこと。

カウンター
【かうんたー】
→インジケーター

カウント
【かうんと】【count】
　ストライク、ボール、アウトの数。

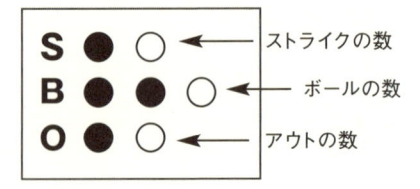

カウントコール
【かうんとこーる】【count call】
　審判がボールカウントをコールすること。ボールから先にコールし、続いてストライクをコールする。

香川オリーブガイナーズ
【かがわおりーぶがいなーず】
　香川に本拠地を置く四国・九州アイランドリーグの所属球団のひとつ。香川県の特産品でもあるオリーブと地元の方言「ガイナー」=「強い」を組み合わせ、オリーブ色をチームのロゴやユニフォームに使用している。

隠し球
【かくしだま】【hidden ball trick】
野手がボールを保持していないように見せかけ、塁を離れたランナーにタッチしてアウトにすること。

学生野球憲章
【がくせいやきゅうけんしょう】
学生野球連盟が高校野球、大学野球の部長、監督、コーチ、選手又は部員に対して定めた憲章。プロ野球との関係を持つことや学費、生活費その他の援助を受けることを禁止している。2007年、この憲章に違反したとして多くの私立高校に在籍する選手（約八千人）が制裁を受けた。

カクタスリーグ
【かくたすりーぐ】【Cactus】
アリゾナ州でキャンプをはるメジャーリーグのチームによるオープン戦のこと。

学童野球
【がくどうやきゅう】
（財）全日本軟式野球連盟に加盟している小学生のチームを学童部としている。小学生の体の負担を考慮し、C球といわれている軟式の小さいボールを使用している。1年に1回、全国大会も開催されている。

確率野球
【かくりつやきゅう】【percentage】
確率の高い方を選択しながら作戦を立てること。

（鹿児島県立）鴨池野球場
【（かごしまけんりつ）かもいけやきゅうじょう】
【Kagoshima Prefectural Kamoike Baseball Stadium】
鹿児島市にある球場。両翼98m、中堅122m。千葉ロッテマリーンズがキャンプで使用していたが、2008年度からキャンプ地を沖縄に移す予定。
所在地
鹿児島県鹿児島市与次郎2-2-2（鴨池公園内）

肩が強い
【かたがつよい】
→強肩

肩が弱い
【かたがよわい】【glass arm】
ボールを遠くに投げられない。または速く強いボールを投げられないこと。

片手捕り
【かたてどり】
→シングルハンドキャッチ

勝ち越し点
【かちこしてん】
【go-ahead run】
　相手より一点多く勝ち越した時の得点。

	1	2	3	4	5	6	7	8	9	計
Aチーム	0	0	0	0	1	0	0	0	0	1
Bチーム	0	0	1	0	0	0	1	0	×	2

勝ち越し点 ──↑

勝ち投手
【かちとうしゅ】
→勝利投手

カット
【かっと】【foul off（投球をファウルする）/cut off/cut】
　① 攻撃で、打者が打ちにくいボールをバットに当て、ファウルにすること。
　② 守備で、外野などからの送球を中継するためにボールを捕球すること。

投球をカット

送球をカット

カット（オフ）プレイ
【かっと（おふ）ぷれい】
【cutoff play】
　守備で、ボールを中継するプレイ。

カット（オフ）マン
【かっと（おふ）まん】
【cutoff man】
　送球を中継する野手。

カット（ファスト）ボール
【かっと（ふぁすと）ぼーる】
【cutter/ cut fastball】
　ボールの右半分を握り（右投手の場合）、右回転を与えて投げるボール。

カップ
【かっぷ】
→金カップ

神奈川大学野球連盟
【かながわだいがくやきゅうれんめい】
　神奈川県の大学で構成されている連盟。全日本大学野球連盟の傘下で、2008年1月現在、下記の12チームが加盟している。
　関東学院大学、横浜商科大学
　神奈川大学、神奈川工科大学
　鶴見大学、職業能力開発総合大学校
　横浜国立大学、田園調布学園大学
　防衛大学校、横浜市立大学
　東京工芸大学、桐蔭横浜大学

カナディアンベースボールリーグ
【かなでぃあんべーすぼーるりーぐ】
【Canadian Baseball League】
　カナダのプロ野球独立リーグ。東西の2地区に4球団ずつが所属し、リーグ戦を行っている。

カバー
【かばー】【cover】
　① 野手の背後に回り込み、エラーや悪送球に備えること。
→バックアップ
　② 空いているベースに入ること。

右翼手が送球カバー

二塁手が空いている一塁ベースのカバー

壁
【かべ】【bullpen catcher】
　ブルペンで投球練習の相手をする捕手のこと。
→ブルペン捕手

カモ
【かも】【cousin】
　① 攻撃側から見て打ちやすい投手のこと。
　② 守備側から見て、うちとりやすい打者のこと。
　③ 格下の相手チームのこと。

空タッチ
【からたっち】【phantom tag】
　タッチをしたが、走者に触れなかったタッチのこと。

空振り
【からぶり】【swinging strike】
　投手が投球したボールに当たらなかったスイング。

カリビアンシリーズ
【かりびあんしりーず】【Caribbean Baseball World Series】
　ラテンアメリカの国際野球大会。各地域の国内リーグを勝ち抜いたチームが優勝を目指して試合を行うシリーズ。ドミニカ共和国、プエルトリコ、ベネズエラ、メキシコの国、地域が参加して開催されている。

観客の妨害
【かんきゃくのぼうがい】
　観客がスタンドから乗り出してボールを捕ったり、グラウンドに入ってインプレイの邪魔をした時のこと。ボールデッドとなり、観客が妨害しなかったらどうなっていたかを審判が判断し、判定をくだす。

緩急
【かんきゅう】【cunny-thumb】
　速いボールや遅いボールを交互に投げて、ボールのスピードに変化をつけること。

関甲新学生野球連盟
【かんこうしんがくせいやきゅうれんめい】
　関東、甲信越で、他の連盟に加盟していない大学で構成されている。2008年1月現在、下記の17大学が加盟している。
関東学園大学、常磐大学
宇都宮大学、山梨大学
作新学院大学、群馬大学
白鴎大学、長野大学、信州大学
上武大学、山梨学院大学
高崎経済大学、新潟大学
平成国際大学、埼玉大学
茨城大学、松本大学

関西学生野球連盟
【かんさいがくせいやきゅうれんめい】
　関西地区の大学で構成されている連盟。2008年1月現在、下記の6大学が加盟している。
関西大学、京都大学
同志社大学、関西学院大学
近畿大学、立命館大学

関西六大学野球連盟
【かんさいろくだいがくやきゅうれんめい】
　関西地区の大学で構成されている連盟。全日本大学野球連盟の傘下で、2008年1月現在、下記の6大学が加盟している。
龍谷大学、大阪経済大学

大阪学院大学、大阪商業大学
京都産業大学、神戸学院大学

カンザスシティロイヤルズ
【かんざすしてぃろいやるず】
【Kansas City Royals】
　米国カンザスシティを本拠地にするメジャーリーグの球団。アリーグに所属。1969年のエクスパンションで誕生。1985年にワールドシリーズを制覇した。

完全試合
【かんぜんしあい】【perfect game】
　一人の走者も出さずに勝つこと。コールドゲームでの勝利や延長戦での引き分けは完全試合ではなく、参考記録となる。四死球やエラーで走者を許した場合は準完全試合（ノーヒットノーラン）になる。ただし、無失点でなければならない。
→パーフェクトゲーム

完全捕球
【かんぜんほきゅう】
【catch cleanly】
　ミットやグラブまたは素手で完全にボールを捕球すること。

完投
【かんとう】【complete games】
　1試合を一人で投げきること。

完投試合
【かんとうじあい】
【complete game】
　一人の投手が最後まで投げきった試合。

完投勝利
【かんとうしょうり】
　1試合を一人で投げきり、勝つこと。

監督
【かんとく】【manager/ brains】
　試合や練習でチームを指揮する役割をもつ管理者。

監督兼任選手
【かんとくけんにんせんしゅ】
【playing manager】
　監督をやりながら選手としてもプレイする選手。

監督（またはコーチ）が投手のもとに行く制限
【かんとく（またはこーち）がとうしゅのもとにいくせいげん】
　ピッチャーのもとに行けるのは、1イニングに2回までと決められている。監督（コーチ）が2回行った時点でピッチャーは交代しなければならない。

神主打法
【かんぬしだほう】
スタンスはスクエアにとり、体の中心にバットを持った両腕を持ってきて、バットの先をベース方向に出して構える。構えが神主に似ていることから神主打法と呼ばれるようになった(元、中日ドラゴンズ他に在籍し、三冠王を獲得した落合博満選手や読売ジャイアンツの小笠原選手がこの打法の代表的な選手)。

カンバック
【かんばっく】
① 引退した選手が復帰すること。
② 成績の悪かった選手が成績を上げること。

カンバック賞
【かんばっくしょう】
プロ野球で活躍した選手が、けがや不調などで数年間成績が振るわずにいたが、再び、一年を通して活躍した選手に贈られる賞。

完封
【かんぷう】【shutout】
相手に得点を与えない試合のこと。

完封勝利
【かんぷうしょうり】
相手を無得点に抑えて勝つこと。

スコアブックに記入する略字&記号

略字	用語
1	投手
2	捕手
3	一塁手
4	二塁手
5	三塁手
6	遊撃手
7	左翼手
8	中堅手
9	右翼手
K	見逃し三振
SO	空振り三振
B	四球
BH	バントヒット
S	盗塁
E	エラー
F	フライ
DB	死球
DP	ダブルプレイ
WP	ワイルドピッチ
PB	パスボール
FC	フィルダースチョイス
PH	ピンチヒッター
PR	ピンチランナー
DH	指名打者
DK	ボーク
OB	走塁妨害
ー	ライナー
DS	ダブルスチール
⌣	ゴロ
⌢	フライ
□	犠打
○	得点

キーサイン
【きーさいん】【wipe-off sign】
　キーになる場所を決め、キーの次に触ったところが本当のサインなど、キーになるところを決めるサイン。

キーストン（こんび）
【きーすとん（こんび）】
【keystone/keystone combination】
　内野のセンターラインを守る二塁手と遊撃手のこと（二塁手と遊撃手の総称）。

利き腕
【ききうで】【money wing】
　投げる方の腕。

危険球
【きけんきゅう】
　打者を狙った投球。打者を狙って投球することは非スポーツマン的行為であり、特に頭を狙って投げる行為は非常に危険で許されない。日本のプロ野球では、頭にぶつけた場合は危険球で、即、退場になる。

技巧派投手
【ぎこうはとうしゅ】
【finesse pitcher】
　変化球を巧みに使い分け、コーナーをついて、打たせてうちとる投手のこと。

犠牲バント
【ぎせいばんと】【sacrifice bunt】
　自分はアウトになって、走者を次の塁に進めたり、得点を取るためのバント。
→送りバント
→スクイズバント

犠牲フライ
【ぎせいふらい】【sacrifice】
走者が三塁にいる時、外野にフライを打ち、三塁走者がタッチアップでホームインすれば犠牲フライとなる。

犠打
【ぎだ】【sacrifice】
ランナーを進める犠牲バントや三塁ランナーをホームに返す犠牲フライのこと。犠牲バントは、走者を二塁や三塁に進める送りバントと、三塁走者をホームに迎入れるスクイズバントがある。犠牲フライ（犠飛）は外野に飛球を打ち上げ、タッチアップでランナーをホームに迎え入れること。外野フライでランナーを二塁や三塁に進めても犠打にはならない。
→サクリファイスヒット

北東北大学野球連盟
【きたとうほくだいがくやきゅうれんめい】
北東北の大学で構成されている連盟。全日本大学野球連盟の傘下で、2008年1月現在、下記の15大学が加盟している。
弘前大学、青森大学、八戸工業大学
秋田大学、盛岡大学、富士大学
岩手県立大学、青森公立大学
八戸大学、北里大学、秋田県立大学
秋田経済法科大学、岩手大学
岩手医科大学、青森中央学院大学

キックベースボール
【きっくべーすぼーる】
サッカーボールなど大きなボールを打撃の代わりに蹴って試合をする野球の遊び。

規定打席数
【きていだせきすう】
首位打者を決めるための最小打席数。プロ野球では試合数×3.1。

規定投球回数
【きていとうきゅうかいすう】
最優秀防御率投手を決めるために必要な投球回数のこと。プロ野球では試合数×1.0（二軍は別に定めてある）。

偽投
【ぎとう】【fake throw】
前足を送球しようとする塁方向に正しく踏み出し、両手を開いて実際に投げようとする動作をしたか、腕を振って送球する動作をしたか、あるいは腕を振って投げないこと。

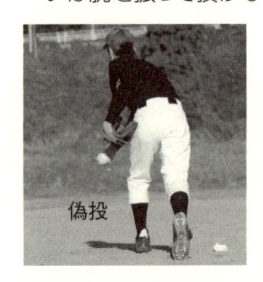

偽投

宜野座村営野球場
【ぎのざそんえいやきゅうじょう】
【Ginoza Municipal Baseball Stadium】
沖縄県国頭郡宜野座村にある野球場。両翼98m、中堅122m。阪神タイガースが春の一次キャンプで使用している。
所在地
沖縄県国頭郡宜野座村宜野座188（宜野座村総合運動公園内）

宜野湾市立野球場
【ぎのわんしりつやきゅうじょう】
【Ginowan Municipal Baseball Stadium】
　沖縄県宜野湾市にある野球場。両翼95m、中堅120m。横浜ベイスターズがキャンプで使用している。
　所在地
　沖縄県宜野湾市真志喜4-2-1(宜野湾市立総合運動場内)

犠飛
【ぎひ】【sacrifice fly】
→犠牲フライ

希望枠
【きぼうわく】
　センバツ大会(甲子園大会)の選考において、明治神宮大会で優勝した高校の地区を除く補欠高校9校の中から、最も守備力の高いチームが希望枠で選ばれる。

基本的な技術
【きほんてきなぎじゅつ】【tools】
　ボールの正しい捕球の仕方、正しい投げ方、正しい打ち方など、野球には基本がある。例えば、ボールを捕球するときは右手を添える(右投げ)などの基本技術のこと。

右手を添えて捕球

基本プレイ
【きほんぷれい】
　打球を捕球するときは正面に入るとか、送球するときは前足を送球方向に踏み出すとか、基本になるプレイのこと。

右手を添えて捕球
送球方向へ前足を踏み出す

逆指名
【ぎゃくしめい】
　プロ野球のドラフト制度の一つで、選手の方から球団を指名することができる制度のこと。

逆シングル(キャッチ)
【ぎゃくしんぐる(きゃっち)】
【backhanded catch】
　上体をクロスして、ヒジの先を打球方向に向けて片手で捕球する捕り方。
→バックハンド

逆走
【ぎゃくそう】
野球は一塁、二塁、三塁の順に左回りに走るが、二塁ベースを踏んで三塁に向かった走者が、二塁ベースを踏み直し一塁ベースに戻る時などをいう（各塁の占有権を得た走者が、守備を混乱させる目的で逆走すればアウトになる）。

逆球
【ぎゃくだま】
捕手が構えたコースと逆のコースに投球がくること。

逆転
【ぎゃくてん】【catch-up game】
リードされていた試合をひっくり返し逆にリードすること。

逆モーション
【ぎゃくもーしょん】
① 打球を捕球した方向とは逆の方向に送球する時。
② 二塁などの牽制で右投手が右回りで牽制する投げ方。

キャッチ
【きゃっち】【catch】
捕球。ボールを捕ること。
→捕球

キャッチボール
【きゃっちぼーる】【catch】
二人以上で、交互にボールを送球し、捕球すること。野球の基本。

キャッチャー
【きゃっちゃー】【catcher】
→捕手

キャッチャーフライ
【きゃっちゃーふらい】
【fly to the catcher】
打者が打った捕手へのフライ。スピンがかかっているのでエル（ℓ）字形に戻ってくる。

キャッチャースボックス
【きゃっちゃーすぼっくす】
【catcher's box】
　投球時、捕手がいる場所。敬遠の四球の時でなければ、キャッチャースボックスから出て構えてもルール違反ではない。

キャッチャーミット
【きゃっちゃーみっと】
【catcher's mitt】
　捕手のミット。重量には制限はないが、外周で96.5センチ以下、先端から下端まで39.4センチ以下でなければならない。

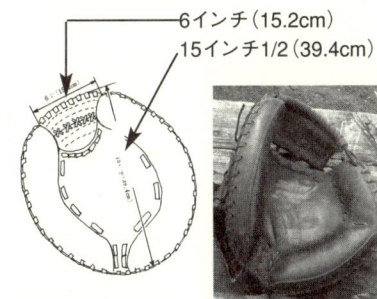

キャッチング
【きゃっちんぐ】【catching】
　ボールを捕球すること。

キャプテン
【きゃぷてん】【captain】
　主将。チームをまとめる選手。試合中はプレイの当事者とキャプテンだけにルールに関する抗議権が認められている（連盟によって異なる）。

キャンバス
【きゃんばす】【base】
　ベースのこと。一、二、三塁のベースは布でできていたので、キャンバスというようになった。
　→ベース

キャンプ
【きゃんぷ】
【spring training/camp】
　全員で宿泊して全体練習や練習試合などを行うこと。

キャンプイン
【きゃんぷいん】【camp in】
　キャンプに入ること。
　（例）読売ジャイアンツは今年も宮崎でキャンプイン。

球威
【きゅうい】
　投手が投げたボールの威力。

球宴
【きゅうえん】
　→オールスターゲーム

救援投手
【きゅうえんとうしゅ】
試合の途中から投手を務める投手。
→リリーフ

球種
【きゅうしゅ】
カーブやスライダーの変化球など、投げられるボールの種類。

九州リーグ
【きゅうしゅうりーぐ】
プロ化して発足予定の独立リーグ。九州、山口県のクラブチーム8チームが参加を予定しているが、発足が遅れているため、2008年から2チームは四国アイランドリーグに参加予定。

九州地区大学野球連盟
【きゅうしゅうちくだいがくやきゅうれんめい】
九州、沖縄地区の大学で構成されている連盟。全日本大学野球連盟の傘下で、2008年1月現在、下記の27大学が加盟している。
鹿児島国際大学、第一工業大学
崇城大学、熊本学園大学、大分大学、別府大学、琉球大学、名桜大学
西日本工業大学、宮崎大学
南九州大学、長崎大学、鹿児島大学
熊本大学、福岡歯科大学
九州東海大学、日本文理大学
沖縄大学、立命館アジア太平洋大学
九州歯科大学、久留米工業大学
福岡県立大学、宮崎産業経営大学
宮崎公立大学、九州保健福祉大学
鹿屋体育大学、沖縄国際大学

九州六大学野球連盟
【きゅうしゅうろくだいがくやきゅうれんめい】
福岡県の大学で構成されている連盟。全日本大学野球連盟の傘下で、下記の6大学が加盟している。
福岡大学、久留米大学
西南学院大学、九州国際大学
北九州市立大学、九州大学

球審
【きゅうしん】
捕手の後ろに立ちボール、ストライクの判定などを行う審判員。主審と呼ばれることもあるが、主審は審判員の責任者で、主審が球審を務めなくてもよい。

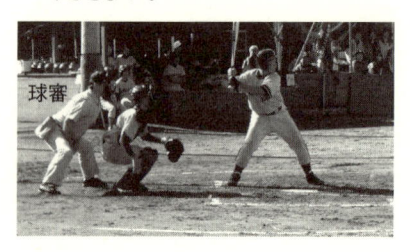

球速
【きゅうそく】【arm speed】
ボールの速さ（スピード）。

球団
【きゅうだん】【baseball club】
主にプロ野球のチームのことを球団とよんでいる。

教育リーグ
【きょういくりーぐ】【instructional league】
プロ野球の二軍チームによるオープン戦のこと。近年は社会人野球との

交流戦も開催されるようになった。
→フェニックスリーグ

競技者必携
【きょうぎしゃひっけい】
　審判に関する規則や野球ルールについて書かれている書籍。(財)全日本軟式野球連盟が発行している。

競技場
【きょうぎじょう】
　野球の試合をするための球場またはグラウンド。
→野球場

挟撃（プレイ）
【きょうげき（ぷれい）】
→ランダウン（プレイ）

強肩
【きょうけん】【bazooka】
　肩が強いこと。遠くまで速く低いボールが投げられること。

矢のような送球でタッチアウト
捕手から二塁送球

挟殺（プレイ）
【きょうさつ（ぷれい）】
　走者を塁間に挟んでタッチしてアウトにするプレイ。
→ランダウンプレイ

強襲
【きょうしゅう】
　速い打球が野手に向かって飛んでくること。

強襲ヒット
【きょうしゅうひっと】
　打球が速すぎるため、野手が捕れずヒットになること。

矯正練習
【きょうせいれんしゅう】
　悪い投げ方や、悪い打ち方などを、正しく直すための練習。

強打
【きょうだ】【hammer】
　① 強く打つ。
　② 強く打った打球。
　③ 強烈な打球。
　④ 外野を抜けていく打球。

強打者
【きょうだしゃ】【artillery】
① 長打を連発する打者。
② チームの中心打者

キラー
【きらー】【killer】
特定のチームや人に強いこと。
（例）ジャイアンツキラーの○○投手。

帰塁
【きるい】
ベースに戻ること。
→リタッチ

フライを捕球されたので急いで帰塁する一塁走者

キレ
【きれ】
ストレートに伸びがあったり、変化球が鋭く曲がること。

金カップ
【きんかっぷ】【cup】
急所を保護する防具。
→カップ

金カップ

近畿学生野球連盟
【きんきがくせいやきゅうれんめい】
近畿地区の下記の18大学が加盟する連盟。全日本大学野球連盟に加盟している。
阪南大学、神戸大学、大阪教育大学
大阪府立大学、奈良教育大学
大阪薬科大学、奈良産業大学
大阪市立大学、大阪工業大学
大阪大学、奈良大学
和歌山大学、大阪外国語大学
大阪歯科大学、近畿福祉大学
羽衣国際大学、兵庫県立大学
太成学院大学

金属バット
【きんぞくばっと】
金属製のバット。主に高校野球や少年野球で使用されている。高校野球（硬式）で使用できる金属バットは、最大直径67mm未満、900g以上と決められている。

硬式一般用金属バット
(財)日本高等学校野球連盟認可のバット
84cm、900g以上、67mm

硬式中学生用金属バット
84cm、830g、67mm

クイック（リターン）ピッチ
【くいっく（りたーん）ぴっち】
【quick return pitch】
　打者が構えていない時に、早い動きで投げる投球。危険なので禁止されている。

クイック（スロー）
【くいっくすろー】【rifle throw】
　素早い送球。早く投げる投げ方。

捕球して、素早く送球

クイックモーション
【くいっくもーしょん】
【quick motion/fast motion】
　投手が、走者に盗塁を許さないためにクイック（早く）で投げる投球モーションのこと。

クーパーズタウン
【くーぱーずたうん】
【Cooperstown】
　アメリカのニューヨーク州にある野球発祥の地。野球殿堂がある町。

クール（リング）ダウン
【くーる（りんぐ）だうん】
→ダウン

クオリティースタート
【くおりてぃーすたーと】
　先発投手として6回以上を投げ、3点以内（自責点）に抑えること。メジャーリーグでは、これが先発投手の責任と考えられている。

くさいタマ
【くさいたま】
　ストライクに近いボール球。

ボール！

草野球
【くさやきゅう】
【sandlot baseball】
　社会人の軟式野球の総称。原っぱで野球を楽しむことから草野球といわれるようになった。

クセダマ
【くせだま】
　自然に曲がるスライダーやシュート（ナチュラルシュート）などで、意図して投げなくても変化するボールのこと。

クソボール
【くそぼーる】
ストライクゾーンを大きく外れる、とんでもないボール。

クッションボール
【くっしょんぼーる】
【carom/one cushion shot】
フェンスに当たって跳ね返ってきたボール。

首を振る
【くびをふる】
投手が捕手のサインを変更させるためにとる動作。投手が首を振ったら、自分の投げたいボールと違うという意味。

久米島野球場
【くめじまやきゅうじょう】
【Kumejima Baseball Stadium】
沖縄県島尻郡久米島町にある野球場。両翼100m、中堅122m。東北楽天ゴールデンイーグルスがキャンプで使用している。
所在地
沖縄県島尻郡久米島町字鳥島清水100（久米島町総合運動公園内）

（どんな球にも）食らいつく
【（どんなたまにも）くらいつく】
【press】
どんなに速いボールでも、キレの鋭い変化球でも、かんたんに空振りしたり、見逃したりしないで、ストライクゾーンに来たら、ファウルにしたり、ポイントまで引きつけてヒットを打ち、何とかして塁に出ようとすること。

クライマックスシリーズ
【くらいまっくすしりーず】
プレーオフのこと。2007年からセ・リーグもプレーオフ方式を採用することになり、クライマックスシリーズと改称された。セ・リーグがクライマックス・セ、パ・リーグがクライマックス・パとなり日本シリーズは含まれない。2007年はペナントレース3位以内のチームが、まず、3位チームと2位チームで対戦し、先に2勝したチームが勝ち上がり、1位チームと対戦。先に3勝したチームが日本シリーズに出場できる。試合は、上位チームの本拠地で行われる。

クラウチングスタイル
【くらうちんぐすたいる】
【crouching style】
　大きくホームベース側に前傾したバッティングフォーム。

クラウチングスタンス
【くらうちんぐすたんす】
【crouch】
　打者や捕手が腰をかがめて構えること。

グラウンダー
【ぐらうんだー】【grounder】
→ゴロ

グラウンド
【ぐらうんど】【field】
　野球の試合や練習で使用する場所。
→野球場
→競技場

グラウンドコート
【ぐらうんどこーと】
→ウインドブレーカー

グラウンドキーパー
【ぐらうんどきーぱー】
【groundskeeper/groundcrew】
　グラウンドを整備する人々のこと。

グラウンド状態
【ぐらうんどじょうたい】
【fitness of the ground】
　グラウンドの様子。
　（例）グラウンド状態が悪く、本日の試合は中止になった。

グラウンドボーイ
【ぐらうんどぼーい】【bat boy/girl】
　試合中、ファウルボールを拾いに行ったり、バットを片づけたり、グラウンド内で試合のための世話をする人々のこと。

グラウンドルール
【ぐらうんどるーる】
【ground rules】
　それぞれのグラウンドで決められた規則。ドーム球場だったり、フェンスがなかったり、カメラマン席があったり、球場によってグラウンドの形が違うので、それぞれのグラウンドで特別に決められた規則がある。

クラッチヒッター
【くらっちひったー】
【clutch hitter】
　勝負強い打者。信頼できる打者。

クラブ
【くらぶ】【club】
　それぞれの野球連盟に加入しているチーム。

グラブ
【ぐらぶ】【glove】
　投手、内野手、外野手がボールを捕球するための道具。送球する手とは逆の手にはめる。重量に制限はないが、大きさには制限がある。縦が30.5cm以下で横も制約がある。投手用のグラブは1色で白、灰色以外と規定されている。
→グローブ

4インチ1/2（11.4cm）
12インチ（30.5cm）

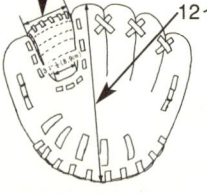

グラブトス
【ぐらぶとす】
　グラブで捕球し、そのままグラブで送球すること。

クラブハウス
【くらぶはうす】【clubhouse】
　ロッカールームやシャワールームや監督室がある建物。プロ野球が使用するクラブハウスのほとんどは、野球場の中に作られている。

グランドスラム
【ぐらんどすらむ】【grand slam】
　満塁ホームランのこと。

グラウンドボール
【ぐらうんどぼーる】
【ground ball】
　グラウンド内を転がるか、低くバウンドしていく打球。

クリーブランドインディアンス
【くりーぶらんどいんでぃあんす】
【Cleveland Indians】
　米国クリーブランドを本拠地にするメジャーリーグの球団。アリーグに所属。1901年、アリーグ創設と同時に加盟。1920年ワールドシリーズ初制覇。1948年に2度目のワールドシリーズ制覇をなしとげた。

グリーンスタジアム神戸
【ぐりーんすたじあむこうべ】
→神戸総合運動公園野球場

クリーンナップ
【くりーんなっぷ】
【heart of the order】
　日本では三番、四番、五番打者のこと。アメリカでは四番打者のこと。

クリーンナップトリオ
【くりーんなっぷとりお】
【cleanup trio】
　三番、四番、五番打者のこと。

クリーンヒット
【くりーんひっと】【clean hit】
　バットの芯でとらえた綺麗なヒット。

グリーンモンスター
【ぐりーんもんすたー】
【Green Monster】
　正式名称はフェンウェイパーク。ボストンレッドソックスの本拠地で球場はレフト94.5m、センター128m、ライト92mという変則的な形になっている。レフトのフェンスの高さが12.8mもあり緑色なので「グリーンモンスター」と呼ばれている。

グリップ
【ぐりっぷ】【handle】
① バットの握り。
② バットを握る場所のこと。
アメリカでgripは握り方。

グリップエンド
【ぐりっぷえんど】【knob】
　バットが細くなっている方の端。

グレープフルーツリーグ
【ぐれーぷふるーつりーぐ】
　米フロリダ州でキャンプを張るメジャー球団が行うオープン戦。グレー

プフルーツがフロリダ州の名産物のため、グレープフルーツリーグと呼ばれている。

黒い霧事件
【くろいきりじけん】
　1969年～1971年に日本プロ野球でおこった八百長事件のこと。この事件で多くの選手が永久追放や出場停止処分などを受けた。

クローザー
【くろーざー】【closer】
　① 抑え投手。
　② 勝ち試合で最後に投げる投手。
→抑え
→ストッパー

クローズドスタンス
【くろーずどすたんす】
【closed stance】
　打者の構え方の一つで、前足を閉じて（クローズ）構える構え方。

グローブ
【ぐろーぶ】【leather/glove】
→グラブ

クロスゲーム
【くろすげーむ】【close game】
　得点差が少なく競り合っている試合。
→接戦

	1	2	3	4	5	6	7	8	9	計
Aチーム	0	1	0	1	1	0	0	1		4
Bチーム	0	0	1	0	0	2	1	1		5

八回を終わって1点差のクロスゲーム

クロスファイヤー
【くろすふぁいやー】【crossfire】
　ボールがホームプレートを斜めに通過する投球のこと。右投手が、プレートの右端を踏んで右打者のアウトコースに投げる。または、左投手が、プレートの左端を踏んで右打者のインコースに投げるとクロスファイヤーになる。

ホームベースを横切るクロスファイヤー

クロスプレイ
【くろすぷれい】【cross play】
　アウトかセーフか分からないくらい判断が難しいプレイ。

クロスプレイ

K
【けい】【strikeout】
　三振の略。(KCとも略する)三振を多くとる投手をミスターKという。

敬遠
【けいえん】
【intentional walk (base on balls)】
　ボール球を投げ、意図的に四球を与える行為。ピンチで強打者を迎えた時などの作戦の一つ。夏の甲子園大会で、星陵高校の松井秀樹選手は全打席敬遠の四球で歩かされた。
→故意四球

敬遠の時、捕手は立ち上がって捕球する

警告試合
【けいこくじあい】
　日本のプロ野球で、危険球などによる報復を防ぐために、審判が警告する試合のこと。警告宣言後は、報復行為と審判が判断したら、その選手と監督を退場させることができる。

京滋大学野球連盟
【けいじだいがくやきゅうれんめい】
　京都と滋賀の大学で構成されている連盟。全日本大学野球連盟の傘下で、2008年1月現在、下記の13大学が加盟している。
京都学園大学、京都教育大学
花園大学、滋賀大学
びわこ成蹊スポーツ大学
京都府立大学、滋賀県立大学
佛教大学、大谷大学
京都工芸繊維大学、京都外国語大学
京都薬科大学、京都創成大学

軽打
【けいだ】
　軽く打つこと。

Kボール
【けいぼーる】
　大きさ、重さは硬式と同じだが、素材がゴムで中が空洞なので、軟式用のバット、グラブで使用できる。K-Ball少年野球連盟が開催する中学生の全国大会もある。

K-Ballの公認球

契約保留選手
【けいやくほりゅうせんしゅ】
【holdout】
　契約することを保留し、契約をしていない選手。

ケージ
【けーじ】【batting cage】
　バッティング練習をするときの鳥かごみたいな囲い。
→バッティングケージ

ゲーム差
【げーむさ】【game behind】
プロ野球の勝敗の差。1試合での勝ち負けの差を1として計算し、1勝がプラス0.5で1敗がマイナス0.5になる。
（例）4勝0敗と3勝0敗のチームのゲーム差は0.5。4勝0敗と2勝2敗のチームのゲーム差は2になる。

チーム名	勝	負	分	差
Aチーム	4	0	0	-
Bチーム	3	0	1	0.5
Cチーム	2	2	0	2.0
Dチーム	1	2	1	2.5
Eチーム	1	3	0	3.0
Fチーム	0	4	0	4.0

← ゲーム差

ゲームセット
【げーむせっと】
【game over/ The game is over】
試合終了。

決勝点
【けっしょうてん】【gamer】
相手に勝ち越した得点。
→勝利打点

	1	2	3	4	5	6	7	8	9	計
Aチーム	0	1	0	0	0	0	0	0	1	
Bチーム	0	0	1	0	0	0	1	1	×	3

決勝点─┘

ゲッツー
【げっつー】【double play】
→ダブルプレイ
→併殺

決定打
【けっていだ】【blow】
勝負を決定する一打。

県営宮城球場
【けんえいみやぎきゅうじょう】
【Fullcast Stadium Miyagi】
宮城県仙台市の宮城野原公園総合運動場内にある野球場。東北楽天ゴールデンイーグルスの本拠地。2007年12月、命名権を日本製紙に売却し、2008年から日本製紙クリネックススタジアム宮城になる。両翼101.5m、中堅122m。
所在地
宮城県仙台市宮城野区宮城野二丁目11番6号

研修生
【けんしゅうせい】
日本プロ野球の、選手の育成を目的とした制度の一つだが、支配下登録選手または育成選手にするためにはドラフトにかけなければならない。研修生の期間は最高で3年間で、ドラフトの優先権は所属球団にあるが、他球団も指名できる。研修生は一、二軍の公式戦には出場できないが、オープン戦（練習試合など）には出場できる。

牽制球
【けんせいきゅう】
【pickoff throw】
投手が、塁にいる走者をアウトにするためや大きくリードを取らせないために投げる送球。

右投手の牽制球　左投手の牽制球

故意四球
【こいしきゅう】
【intentional walk】
→敬遠

故意落球
【こいらっきゅう】
　簡単に捕れる飛球を意識的に落とすプレイ（グラブに触らなければ故意落球にはならない）。バッターはアウトでボールデッドとなり走者は進塁できない。故意落球はダブルプレイを避けるためのルール。インフィールドフライの時は、故意落球よりインフィールドフライが優先されるので、故意落球してもボールインプレイとなる。

後逸
【こういつ】【error/misplay】
　ボールを後ろにそらすこと。

降雨中止ゲーム
【こううちゅうしげーむ】
【rain-out game】
→雨天中止ゲーム

広角
【こうかく】
　広い範囲のこと。

広角打者
【こうかくだしゃ】【scatter hitter】
　フィールド内の広い範囲にまんべんなく打てる打者のこと。

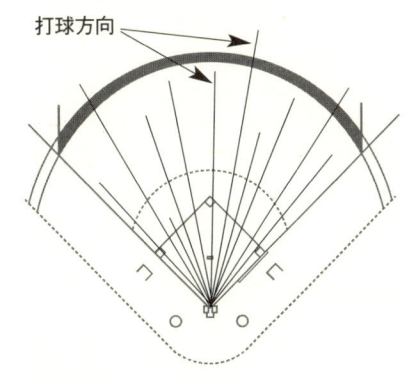

抗議
【こうぎ】【kick】
→アピール

好機をつぶす
【こうきをつぶす】【kill the rally】
　攻撃側にとって得点のチャンスに得点できないこと。

攻撃力
【こうげきりょく】【firepower】
　①　打って得点を重ねる力。
　②　バントや走塁を絡めて得点できる力。

後攻
【こうこう】
野球は攻撃と守備があるが、先に守り、後から攻撃することを後攻という。試合前のシートノックは、通常、後攻から先に行うことになっている。

高校通算本塁打
【こうこうつうさんほんるいだ】
高校野球の在籍中に、公式戦や練習試合で打ったホームランの通算数。

高校野球
【こうこうやきゅう】
各高等学校の部活の一つとして野球部があり、日本高等学校野球連盟（高野連）に加盟している。硬式の部と軟式の部があり、硬式の部はほとんどのチームが高野連の主催する全国大会（甲子園大会）を目指している。

高校野球特別規則
【こうこうやきゅうとくべつきそく】
高校野球連盟が主催する野球大会などに適用される特別なルール。主に、用具や負傷者の取り扱い、試合の成立などについて詳しく取り決められている。

甲子園
【こうしえん】
→阪神甲子園球場

公式記録員
【こうしききろくいん】
【official scorer】
→オフィシャルスコアラー

公式戦
【こうしきせん】
各連盟が定めた大会で、大会の日程に従って行う試合のこと。

硬式バット
【こうしきばっと】
硬式野球用のバット。

硬式野球
【こうしきやきゅう】
硬式ボールを使用する野球。メジャーリーグやプロ野球、都市対抗などの社会人野球、東京六大学野球などの大学野球、甲子園を目指す高校野球、オリンピックやワールド・ベースボール・クラシックの世界大会など、大きな大会のほとんどが硬式ボールを使用して行われている。一般的、世界的に野球といえば硬式野球のこと。

高速スピン
【こうそくすぴん】
鋭い回転のこと。鋭い縦回転がかかった打球は飛距離が伸びるので、長距離打者はボールの芯よりやや下を打ちボールに鋭いスピンをかけて遠くへ運ぶ。また、投手もリリースする時に、逆回転の鋭いスピンをかけて伸びるボールを投げる。

高速スライダー
【こうそくすらいだー】
【cut fastball】
　ストレートの球速に近いスライダー。スピードがあり、変化するので打者は打ちにくい。

豪速球
【ごうそっきゅう】【smoke】
　強烈に速いボール。

好打者
【こうだしゃ】【countryfair hitter/natural hitter】
① バッティングが上手い打者。
② よく打つ打者。
③ 三割打者。
④ 簡単に三振したり、ダブルプレイを喫したりしないで、走者を進めるバッティングができたり、バントを確実に決められる打者。

高知市東部総合運動場野球場
【こうちしとうぶそうごううんどうじょうやきゅうじょう】
【Kochi Tobu Baseball Stadium】
　高知市にある球場。両翼94m、中堅120m。外野は天然芝球場。オリックス・バッファローズがキャンプに使用している。四国・九州アイランドリーグの高知ファイティングドッグスが本拠地としても使用している。また、高校野球や社会人野球でも使用している。
　所在地
　高知県高知市五台山1736-1（高知市東部総合運動場内）

高知ファイティングドッグス
【こうちふぁいてぃんぐどっぐす】
　高知に本拠地を置く四国・九州アイランドリーグの球団の一つ。高知県のチャレンジ精神と土佐犬をイメージしたロゴとユニフォームを使用している。

高投
【こうとう】【overthrow】
① 高いボール投げること。
② 高めの暴投または悪送球。

好投
【こうとう】【shackle】
　投手が試合で相手チームを最少得点に抑えること。

公認球
【こうにんきゅう】
【regulation baseball】
　各連盟で公認された試合球。

　社会人野球　高校野球　シニア野球
　公認球　　　公認球　　公認球

公認野球規則
【こうにんやきゅうきそく】
【Official Baseball Rules】
　基本はアメリカの"Official Baseball Rules"を翻訳したもので、これに日本の野球だけに適用する規則、アマチュア規定、軟式野球だけの規則を追加したもの。毎年、書籍として発行され2006年からは市販されている。発行元は日本プロフェッショナル野球組織と日本野球連盟。日本で行われる試合は、すべてこの規則に基づいて行われる。

2007年版 　2006年版

紅白試合
【こうはくじあい】
【intra-squad game】
　自チーム選手を2チームに分けて行う練習試合。

降板
【こうばん】
【derrick/drive A to the showers】
　投手が試合の途中で交代すること。

好プレイ
【こうぷれい】
→ファインプレイ

神戸総合運動公園野球場
【こうべそうごううんどうこうえんやきゅうじょう】
【Skymark Stadium】
　神戸市にある球場。オリックス・バファローズが本拠地の一つとして使用している。両翼99.1m、中堅122m。内外野とも天然芝球場。命名権を売却し、2008年1月現在スカイマークスタジアムと呼ばれている。過去、グリーンスタジアム神戸、Yahoo!BBスタジアムとよばれた時代もあった。
　所在地　兵庫県神戸市須磨区緑台

高野連
【こうやれん】
→（財）日本高等学校野球連盟

交流試合
【こうりゅうじあい】
【interleague play game】
　異なるリーグのチーム同士が試合を行うこと。日本のプロ野球では、2005年からセリーグとパリーグが公式試合をする交流戦が行われている。

ゴーサイン
【ごーさいん】【go sign】
　盗塁や打ったら走れのサイン。

コース
【こーす】
　インコーナーやアウトコーナーなどボールが通過する場所。

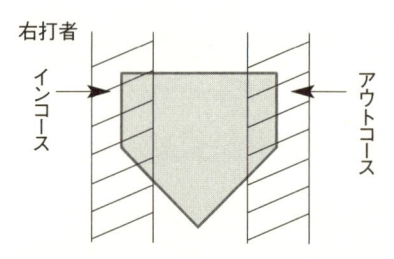

コーチ
【こーち】【coach】
　選手を指導をする人。

コーチ(ス)ボックス
【こーち(す)ぼっくす】
【coach's box】
　試合中、攻撃側のチームは三塁側と一塁側にランナーコーチを出すことができる。そのランナーコーチが走者にアドバイスを行う場所のこと。プロ野球はコーチが立つが、学生野球のほとんどは、選手が立つことを規則で決めている。

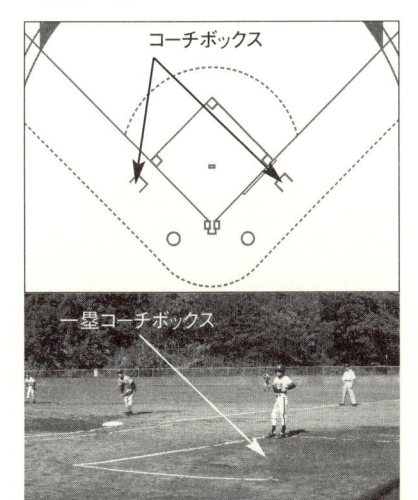

コーティシーランナー
【こーてぃしーらんなー】
　相手の好意で許される代走者。走者が負傷などでプレイできなくなった場合、治療の間に当該選手の前の打順(バッテリーを除く)の選手が代わりに走者になる。
→**臨時代走**

コーナー
【こーなー】【corner】
　ベースの角のこと。

コーナーワーク
【こーなーわーく】【cornerwork】
　配球。捕手が打者に打たれないように、頭を使って投手に投げさせるボールの球種やコースを考えること。

コール
【こーる】【call】
　ストライク、ボール、アウト、セーフなど審判が行う判定のこと。

ゴールデングラブ(賞)
【ごーるでんぐらぶ(しょう)】
【Gold Glove】
　守備の最優秀選手。日本のプロ野球では、野球を担当している全国のスポーツ記者の投票でセ・リーグ、パ・リーグとも、各ポジションから一人ずつ選出される。ダイアモンドグラブ賞ともいう。

コールドゲーム
【こーるどげーむ】【called game】
　審判が、気象条件などで試合を続行できないと判断して試合を中止すること。または、事前に取り決めた点数以上の差がつき試合が成立すること。気象条件などの場合は、基本的には9回戦であれば5回の表裏を終了していれば試合は成立したことになる(後攻めの方が勝っていれば5回の表を終了した時点)。7回戦であれば4回終了時点。ただし、試合成立の回数は事前の取り決めで変更されることがある。
　点数差によるコールドゲームは、5回以降で10点差、7回以降で7点差などと事前に回数や点差が取り決められる。

	1	2	3	4	5	6	7	8	9	計
Aチーム	1	2	0	4	3	0	1			11
Bチーム	0	0	1	0	1	0	0			2

7回7点差によるコールドゲーム

国際野球協会
【こくさいやきゅうきょうかい】
【International Baseball Association】
　1938年に設立された野球の国際的な統括団体。百カ国以上の国と地域が加盟している（メジャーリーグは加盟していない）。

故障者リスト
【こしょうしゃりすと】
【disabled list/ injury list】
　メジャーリーグで医師の診断のもと故障と認定されればDL（故障者リスト）入りとなり、一定期間、試合に出場できない。期間は「15日間」と「60日間」がある。
→DL

誤審
【ごしん】
→ミスジャッジ

個人成績重視の選手
【こじんせいせきじゅうしのせんしゅ】
【percentage patsy】
　自分の記録を優先し、チームプレイをしない選手。チームの勝利を優先しない選手。

こまちスタジアム
【こまちすたじあむ】
→秋田県立野球場

コミッショナー
【こみっしょなー】【commissioner】
　プロ野球の最高管理者。両リーグの諸問題や提訴された諸問題の裁定を行う。アメリカメジャーリーグのコミッショナーは各球団のオーナーより選出され、諸問題の裁定などを行う。

コールドスプレー
【こるどすぷれー】【cooling spray】
　ボールが当たった所を瞬間的に冷やすスプレー。瞬間的に冷やすことで痛みが止まる。

ゴロ
【ごろ】【grounder/ground ball】
　打者が打ったボールが、地面に一度以上バウンドしたボール。

コロラドロッキーズ
【ころらどろっきーず】
【Colorado Rockies】
　米国コロラドを本拠地にするメジャーリーグの球団。ナリーグに所属。1993年、フロリダマーリンズとともに、ナリーグ球団拡張で誕生。創設3年目の1995年、ワイルドカードでプレーオフ初進出。
　2007年は、松井稼頭央選手の活躍もあり、奇跡の追い上げでプレーオフに進出、フレーオフでも勝ったが、ワールドシリーズで松坂大輔投手所属のレッドソックスに0勝4敗で敗れた。

コンディション
【こんでぃしょん】
　状態。
　(例)今日はグラウンドコンディションが悪いから練習中止。
　(例)今日は体のコンディションが最高に良い。

コントロール
【こんとろーる】【control】
　制球。主に投手が投球する制球のことをいう。
　(例)相手の投手はコントロールが良いから1球目から打っていけ。
　(例)針の穴を通すほどのコントロール。

コンバート
【こんばーと】【convert】
　転向。ポジションを変更すること。
　(例)野手から投手にコンバートしてまだ1カ月なのに、すごいボールを投げる。

コンパクトなスイング
【こんぱくとなすいんぐ】【slap hit】
　振り幅を小さくしたミート中心のスイング。

コンパクトなスイング

コンビネーションプレイ
【こんびねーしょんぷれい】
【combination】
　二人の選手が連携してプレイをすること。

ショート捕ってセカンド送球

セカンドから一塁転送

サークルチェンジ
【さーくるちぇんじ】
→チェンジアップ

サード
【さーど】【third baseman】
→三塁手

サードコーチャー
【さーどこーちゃー】
【third base coach】
三塁ベースコーチ。

サードゴロ
【さーどごろ】
三塁ゴロ。三塁手の近くに飛んだゴロのこと。記録的には遊撃手の近くに飛んでも三塁手が処理すれば三塁ゴロになる。

サードフライ
【さーどふらい】【fly ball to third】
三塁フライ。三塁手の守備範囲に上がった飛球のこと。記録的にはどんなフライでも三塁手が捕球すれば三塁フライになる。

サードベース
【さーどべーす】【third base】
三塁ベース。

サーパス
【さーぱす】【SURPASS】
オリックス・バファローズのファーム（二軍）。ウエスタンリーグに加盟している。

サイクルヒット
【さいくるひっと】
【cycle/ hit for the cycle】
一試合の中で本塁打、三塁打、二塁打、単打を一人の選手が記録すること。メジャーリーグではcycle（サイクル）といい、サイクルヒットとはいわない。

最高殊勲選手（賞）
【さいこうしゅくんせんしゅ（しょう）】
【Most Valuable Player Award】
最も活躍した選手に贈られる賞のこと。日本のプロ野球ではシーズンMVP、日本シリーズMVP、月間MVPなどがある。
→最優秀選手
→MVP

最終回
【さいしゅうかい】

9回戦の9回の表と裏のこと（7回戦の時は7回の表と裏）。

	1	2	3	4	5	6	7	8	9	計
Aチーム	0	1	0	0	0	0	0	0	0	1
Bチーム	0	0	1	0	0	0	1	0		2

最終回→

最多安打（賞）
【さいたあんだ（しょう）】
　1シーズンで最も多くヒットを打った選手に与えられる。日本のプロ野球では1995年から表彰されるようになった。

最多セーブ投手（賞）
【さいたせーぶとうしゅ（しょう）】
　セーブ数が最も多かった選手に与えられるタイトル。
→最優秀救援投手（賞）

最多奪三振（賞）
【さいただつさんしん（しょう）】
　1シーズンで最も多く三振を奪った投手に与えられる。

サイド（ハンド）スロー
【さいど（はんど）すろー】
【sidearm pitch】
　横手投げ。投球や送球時、投げる方のヒジや手首を、ほぼ肩の高さと同じ位置にして投げる投げ方。

サイヤング賞
【さいやんぐしょう】
【Cy Young Award】
　メジャーの最優秀投手賞。アリーグ、ナリーグから一人ずつ選ばれる。メジャーで通算511勝をあげたCy Youngの名前が付けられている。

最優秀救援投手（賞）
【さいゆうしゅうきゅうえんとうしゅ（しょう）】
【The Fireman of the Year Award】
→最多セーブ投手

最優秀新人（賞）
【さいゆうしゅうしんじん（しょう）】
【Rookie of the Year Award】
→新人王

最優秀選手（賞）
【さいゆうしゅうせんしゅ（しょう）】
【Most Valuable Player Award】
→MVP

最優秀投手（賞）
【さいゆうしゅうとうしゅ（しょう）】
　大会を通して最も活躍した投手に贈られる賞。プロ野球では、セリーグはベストナインの投手に、パリーグは13勝以上あげた投手のうち最も勝率の高い投手に贈られる。

最優秀中継ぎ投手（賞）
【さいゆうしゅうなかつぎとうしゅ（しょう）】
　1シーズンで最も多くホールドポイントをあげた投手に与えられる。ホールドポイント数は新ホールド＋救援勝利。

最優秀防御率投手（賞）
【さいゆうしゅうぼうぎょりつとうしゅ（しょう）】
　規定投球回数に達している投手の中で、最も防御率が少ない投手に与えられるタイトル。正式名称はセリーグは最優秀防御率、パリーグは防御率第1位。

サイン
【さいん】【signal】
① 攻撃側が打者や走者に作戦を伝えるためのシグナル、守備側が守りのための作戦を伝えるためのシグナル、捕手が投手に球種を伝えるためのシグナルなどのこと。攻撃側のサインでは、帽子に触ったら盗塁、ベルトに触ったらスクイズなど。守備側のサインでは肩に触ったらバントフォーメーションなど。捕手からのサインは一本指が直球、二本指がカーブなど。また、相手チームに分からないように色々な工夫をしたブロックサインなどがある。
② ボールや契約書に名前を記入すること。
(例)プロ野球選手にサインをもらった。

サインプレイ
【さいんぷれい】【pickoff play】
　守備側のチームがサインで動くプレイ。基本は、捕手が野手全員にサインを出し、そのサインで野手が動く。(例)バント守備のサインプレイで一塁ランナーを牽制でアウトにした。

サインボール
【さいんぼーる】
【autographed ball】
① サインをするためのボール。試合や練習で使用する硬式ボールと材質が異なるボールもある。
② サインがしてあるボール。

サインがしてあるボール　　サインボール

サウスイースタンリーグ
【さうすいーすたんりーぐ】
【Southeastern League】
　アメリカの独立リーグの一つだが、現在は活動していない。

サウスポー
【さうすぽー】【southpaw】
　左投手。左投げ。

サウスポー
左投げ

逆らわない打撃
【さからわないだげき】
【hit straightaway】
　右打者の場合、アウトコースは右方向に、インコースは左方向に、真ん中はセンター方向に打つバッティング。
（例）投球に逆らわない打撃をする好打者。

サクリファイスヒット
【さくりふぁいすひっと】
【sacrifice hit】
　サクリファイスは犠牲（いけにえ）のこと。サクリファイスヒットは犠打のこと。
→犠打

サスペンデッドゲーム
【さすぺんでっどげーむ】
【suspended game】
　一時停止試合。試合の途中で気象条件などで試合が続行できなくなった場合に、翌日以降に、中断した時と全く同じ選手、打順、守備位置で、中断したイニングから続行する試合のこと。

左中間
【さちゅうかん】【left-center field】
　レフトとセンターの間。
（例）左中間を破る二塁打。

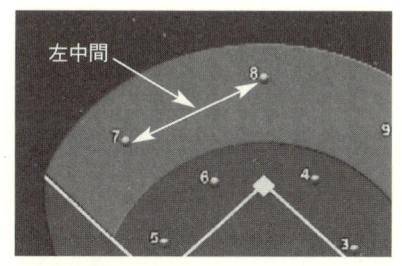

ザッツボーク
【ざっつぼーく】
　ボークがあったとき、審判が発するコール。

札幌学生野球連盟
【さっぽろがくせいやきゅうれんめい】
　札幌地区の大学で構成されている連盟。全日本大学野球連盟の傘下で、2008年1月現在、下記の17大学が加盟している。
札幌大学、専修大学北海道短期大学
道都大学、札幌学院大学
北海道大学　札幌国際大学
北海道教育大学札幌校
酪農学園大学、北海学園大学
小樽商科大学、北海道工業大学
北海道教育大学岩見沢校、北翔大学
北星学園大学、北海道情報大学
北海道医療大学、北海道文教大学

札幌ドーム
【さっぽろどーむ】
【Sapporo Dome】
　北海道札幌市に建設されたドーム球場。野球で使用する人工芝グラウンドとサッカーで使用する天然芝グラウンドとの併用。北海道日本ハムファイターズの本拠地。北海道日本ハムファイターズは、この球場で試合を行う時は、三塁側を使用する（通常、本拠地チームは一塁側を使用する）。天然芝は屋外で育てられ、サッカーの試合がある時に、電動車輪でドーム内に移動させている。両翼100m、中堅122m。
所在地
北海道札幌市豊平区羊ヶ丘1

（打球を）さばく
【（だきゅうを）さばく】【pick】
　打球を処理すること。
　（例）難しいゴロをうまくさばいた。

サブウエイシリーズ
【さぶうえいしりーず】
→地下鉄シリーズ

サブマリン
【さぶまりん】【submarine pitcher】
　下手投げの投手のこと。

サポーター
【さぽーたー】【athletic supporter】
　股間保護用のカップを入れて着用する下着。

サポーター

左翼手
【さよくしゅ】【leftfielder】
　外野手の一人で、外野の左側で守る選手。
→レフト（フィルダー）

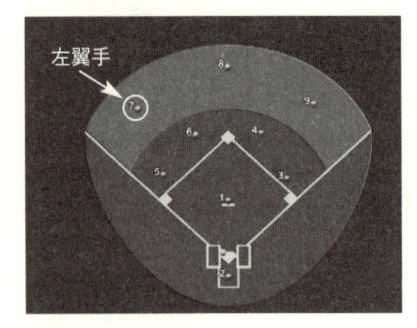

左翼手

サヨナラ安打
【さよならあんだ】
　最終回の裏に飛び出した勝敗を決着するヒット。
　（例）9回の裏、0対0、二死三塁からサヨナラ安打を打った。

サヨナラホームラン
【さよならほーむらん】
【walk-off homer (piece)】
　最終回の裏に飛び出した、勝敗が決着する本塁打。
　（例）9回の裏、0対0からサヨナラホームランを打った。

ザルの内野
【ざるのないや】【sieve infield】
　エラーが多い内野陣。ザルに水を入れると、水は貯まらず流れ落ちる。その現象を野球に置き換えて、ボールが内野手に止まらず抜けていくことが多い内野陣のことをザルの内野という。

沢村賞
【さわむらしょう】
　沢村栄治投手の栄誉をたたえるために設けられた賞。1シーズンの勝利数、防御率、奪三振などで最も優秀な投手に贈られる。

左腕投手
【さわんとうしゅ】
【left-handed pitcher/ left-hander/ southpaw/ lefty】
→左投手
→サウスポー

三冠王
【さんかんおう】
→トリプルクラウン

三者凡退
【さんしゃぼんたい】
【one-two-three】
　1イニングで、3人ともアウトになり攻撃が終了すること。

三重殺
【さんじゅうさつ】
→トリプルプレイ

三振
【さんしん】【struckouts】
　① 3ストライク。第三ストライクが宣告されたとき。打者がスイングしてもしなくても捕手が投球を直接捕球すればアウトになる。無死、または一死で一塁に走者がいる時は、直接捕球しなくてもアウトになる。走者が一塁にいないか、二死の時は、第三ストライクを捕手が捕球できなければアウトにはならず、三振振り逃げ

のケースがある。
　② 2ストライク後の投球をバントして、ファウルになったとき。
→K

ストライク！
第三ストライクを捕手が捕球したのでアウトになる

3バント失敗でアウト
記録は三振

サンディエゴパドレス
【さんでぃえごぱどれす】
【San Diego Padres】
　米国サンディエゴを本拠地にするメジャーリーグの球団。ナリーグに所属。1969年のエクスパンションで誕生。1984年に創立16年目にしてリーグ優勝を果たした。1998年、2度目のワールドシリーズ進出。2005年は7年ぶりに地区優勝したが、地区シリーズで敗れた。

サンデーピッチ
【さんでーぴっち】【Sunday pitch】
　メジャーでローテーションに入っている先発ピッチャーは、中4日での登板がふつうだが、1週間に1度しか登板しない投手のことをいう。

三人制
【さんにんせい】
三人で審判を行うこと。

サンフランシスコジャイアンツ
【さんふらんしすこじゃいあんつ】
【San Francisco Giants】
米国サンフランシスコを本拠地にするメジャーリーグの球団。ナリーグに所属。1883年、ニューヨークゴーサムズとしてナリーグに加盟。三年後にジャイアンツとチーム名を変更、1958年にドジャースとともに西海岸に移り、サンフランシスコを本拠地とする。1987、1989、1997、2000、2003年に地区優勝している。

三本柱
【さんぼんばしら】
エース級の投手3人のこと。

サンマリンスタジアム
【さんまりんすたじあむ】
→宮崎県総合運動公園硬式野球場

三遊間
【さんゆうかん】【third base hole】
①三塁手と遊撃手。
②三塁手と遊撃手の間。

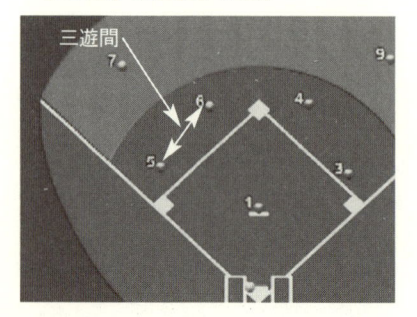

サンリーグ
【さんりーぐ】【sun league】
正式名称は全国少年硬式野球協会。北海道が中心のリーグで北海道と関西で活動している。加盟数は2007年現在、20チームと少ない。
→全国少年硬式野球協会

残塁
【ざんるい】【left on base】
チェンジ(スリーアウト)になった時、得点できない走者が塁上に残ること。

三塁(ベース)コーチ
【さんるい(べーす)こーち】
【third base coach】
三塁のコーチボックスで走者に指示を出すコーチまたは選手。

三塁手
【さんるいしゅ】
【third baseman/corner man】
サードともいい、三塁ベース付近を守る選手のこと。
→サード
→3B(サードベースマン)

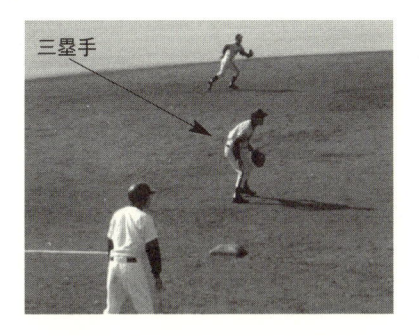

三塁線

【さんるいせん】【third base line】

本塁から三塁ベースの延長線上に引かれた白線のライン。
（例）三塁線のヒット

三塁打

【さんるいだ】
【triple/three-base hits】

相手のエラーがからまず三塁ベースまで達するヒット。
（例）右中間を破る三塁打。

三塁塁審

【さんるいるいしん】
【third base umpire】

三塁ベース付近に位置する塁審。

三割打者

【さんわりだしゃ】
【300hitter/three-hundred hitter】

① ヒットの数を打数（四死球、犠打を除いた打席）で割り、その数字が3割以上の打者のこと。
② 好打者のことを3割打者ともいう。

順位	氏名	打数	安打	打率
1	A	245	112	457
2	B	235	99	421
3	C	248	96	387
4	D	220	81	368
5	E	242	75	310
6	F	262	76	290
7	G	253	72	285
8	H	228	64	281
9	I	284	76	268
10	J	268	71	265
11	K	273	65	238
12	L	255	56	220
13	M	264	53	201

AからEまでが三割打者

試合球
【しあいきゅう】【game ball】
試合で使用するボール。

シアトルマリナーズ
【しあとるまりなーず】
【Seattle Mariners】
米国シアトルを本拠地にするメジャーリーグの球団。アリーグに所属。1977年に誕生。1995、1997、2001年に地区優勝してプレーオフに進出したが、ワールドシリーズ優勝はない。2001年はアリーグで最多の116勝をマークした。2004年にはマリナーズ所属のイチローが、メジャーリーグ最多の262安打を記録した。また、2006年に日本のソフトバンクから城島健司捕手を獲得した。

シーズンオフ
【しーずんおふ】【off-season】
野球をやらない期間のこと。公式試合が行われない期間。

シーズンチケット
【しーずんちけっと】
【season ticket】
ホームチームの本拠地で行われる公式戦の年間チケット。通常ネット裏のボックス席が対象になっていて、1年間を通して同じ場所の指定席が確保されている。

シーソーゲーム
【しーそーげーむ】【seesaw game】
逆転に次ぐ逆転で、どちらが勝つか分からない試合。

	1	2	3	4	5	6	7	8	9	計
Aチーム	0	2	0	1	2	0	1			6
Bチーム	0	0	3	1	0	2	0			6

逆転、逆転のシーソーゲーム

シート
【しーと】【seat】
守備位置のこと。

シートノック
【しーとのっく】【fielding practice】
野手をそれぞれの守備位置に付けて行うノックのこと。日本では、試合前に両チームに時間が与えられノックを行うが、そのノックをシートノックという。シートノックは後攻のチームから先に行うことになっている（アメリカではシートノックとはいわない）。

シートバッティング
【しーとばってぃんぐ】
野手が守備位置についてのバッティング練習。

シカゴカブス
【しかごかぶす】【Chicago Cubs】
米国シカゴを本拠地にするメジャーリーグの球団。ナリーグに所属。1876年のナリーグ創設時から、メジャーで唯一、本拠地を移転していない。リーグ優勝は16回あるが、世界一はない。

シカゴホワイトソックス
【しかごほわいとそっくす】
【Chicago White Sox】
　米国シカゴを本拠地にするメジャーリーグの球団。アリーグに所属。1901年アリーグ創設と同時に加盟。1906年ワールドシリーズ初制覇。1917年、2度目のワールドシリーズ制覇。しかし、1919年のワールドシリーズ「ホワイトソックス八百長事件」で8人の永久追放選手を出した。2005年は日本の井口資仁が所属、1年目でワールドシリーズ制覇を経験した。

四球
【しきゅう】【base on balls/a walk】
→フォアボール

死球
【しきゅう】【hit by a pitch】
→デッドボール

始球式
【しきゅうしき】
【ceremonial first pitch】
　投手が投げ、打者が空振りする試合前のセレモニー。投手は通常来賓が務める。メジャーの始球式はスタンドから試合球を捕手に渡す。

軸足
【じくあし】【pivoting foot】
　投球や送球や打撃の時、軸になる足。右投げ右打ちの選手は右足。

←軸足

四国・九州アイランドリーグ
【しこく・きゅうしゅうあいらんどりーぐ】
　独立リーグの一つで2007年までは四国の各県に本拠地を置く4球団で運営されていたが、2008年から九州の福岡と長崎を本拠地とする2チームが加わり6球団になった。リーグ名も四国アイランドリーグから四国・九州アイランドリーグに変更された。

四国地区大学野球連盟
【しこくちくだいがくやきゅうれんめい】
　四国地方の大学で構成されている連盟。全日本大学野球連盟の傘下で、2008年1月現在、下記の11大学が加盟している。
愛媛大学、高知大学、徳島大学
高松工業高等専門学校
徳島大学医学部、鳴門教育大学
香川大学、四国学院大学
松山大学、高知工科大学
徳島文理大学香川校

刺殺
【しさつ】【putouts】
打者や走者を直接的にアウトにすること。飛球の捕球者、走者やベースにタッチしてアウトにした野手、三振を奪った投手などに記録される。

四死球
【ししきゅう】
四球や死球のこと。

静岡県草薙総合運動場硬式野球場
【しずおかけんくさなぎそうごううんどうじょうこうしきやきゅうじょう】
【Shizuoka Kusanagi Baseball Stadium】
静岡市にある球場。外野は天然芝の球場。両翼91m、中堅115m。横浜ベイスターズが準フランチャイズとして使用している。過去、パリーグオールスター東西対抗にも使用され、高校野球の地方大会にも使用されている。2008年1月現在、老朽化が進み隣接する敷地に球場移転が検討されている。
所在地
静岡県静岡市駿河区栗原19-1（県草薙総合運動場内）

自責点
【じせきてん】
→アーンドラン

自打球
【じだきゅう】
自分が打って、自分に当たった打球。

失策
【しっさく】【error/misplay】
守備側の選手のエラー。記録上は、守撃側のミスにより一つ以上の塁が与えられる時に記録されるが、ファウルフライを野手が落とした時も、その打者が一塁に生きるかどうかに関係なく失策が記録される。
→エラー

失点
【しってん】【runs】
相手チームに得点された点数。

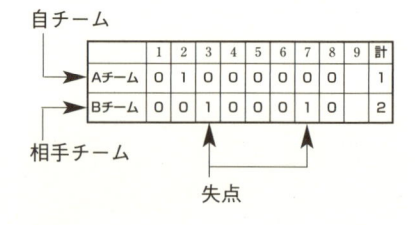

	1	2	3	4	5	6	7	8	9	計
Aチーム	0	1	0	0	0	0	0			1
Bチーム	0	0	1	0	0	0	1	0		2

自チーム / 相手チーム / 失点

失投
【しっとう】【mistake】
投手の手元がくるって投げた、打ちやすいボール。

シフト
【しふと】【shift】
① 守備位置を変えること。
② 強打者が打席の時、打球が飛ぶ方向を予測して極端に守備位置を変えること。
(例)王シフト

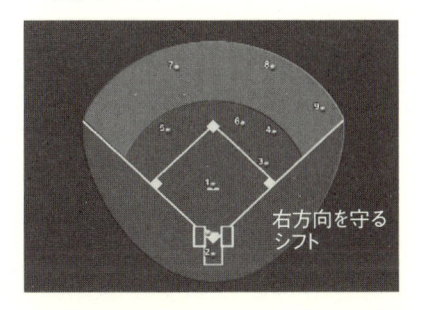

右方向を守るシフト

指名打者(代打)
【しめいだしゃ(だいだ)】
【designated hitter】
　投手は打席に立たず、投手の代わりに打つ選手のこと(指名代打は投手の代わりでなく、どのポジションの選手の代わりでもよい)。パリーグや社会人野球などで採用されている。
→DH

シャインボール
【しゃいんぼーる】【shine ball】
　ボールをユニフォームなどで摩擦して、すべすべにしたもの。

ジャストミート
【じゃすとみーと】【just meet】
　投手が投球したボールを真芯でとらえること。

借金
【しゃっきん】
　負け越している状態。

ジャッグル
【じゃっぐる】【juggle】
　ボールを上手く捕球できず、捕球し直したり、握り直すこと。

ジャッジ
【じゃっじ】
① 判定。
② ストライク、ボールやアウト、セーフなどの判断を下すこと。

シャットアウト
【しゃっとあうと】【shutout】
→完封

シャドウピッチング
【しゃどうぴっちんぐ】【shadow】
　ボールを持たないで投球の練習をするピッチング練習。ボールの代わりにタオルを持つことが多い。ピッチングのフォームを固めるのに役立つ。

ジャンピングキャッチ
【じゃんぴんぐきゃっち】
【leaping catch】
　ジャンプしながら捕球すること。
　(例)センターオーバーの大飛球をジャンピングキャッチした。

ジャンピングスロー
【じゃんぴんぐすろー】
　ジャンプしながら送球する投げ方。

首位打者(賞)
【しゅいだしゃ(しょう)】
　規定打席に達している打者で、最も打率の高い選手に贈られるタイトル。

自由契約選手
【じゆうけいやくせんしゅ】
【free agent】
　特定の球団と契約しておらず、自由にどの球団とも契約できる選手。

自由席
【じゆうせき】【general admission】
　座る席が指定されているゾーンではなく、空いていれば、自由に座っていい席(ゾーン)のこと。

集中安打
【しゅうちゅうあんだ】【barrage】
　1つのイニング(回)に集中して、連続安打が出ること。

シュート
【しゅーと】
　投手(右投げの場合)の方から見て、右に曲がるボールのこと。

十二秒ルール
【じゅうにびょうるーる】
　塁に走者がいる時は、投手はボールを受けたら12秒以内に投球しなければならない。12秒の計測は、打者がバッターボックスに入り投手に面して立った時からボールが投手の手から離れるまでの間。

主審
【しゅしん】【plate umpire】
審判員の責任者。

出場
【しゅつじょう】【appearance】
大会や試合に出ること。
(例)甲子園大会に出場した経験がある。

出場辞退
【しゅつじょうじたい】
① 不祥事を起こしたチームが、自ら大会に参加することをとりやめること。
(例)○○高校はセンバツ(甲子園大会)に選ばれたが、野球部員の暴力行為で出場辞退した。
② 選手が自ら、オリンピックやオールスターゲームなどの出場を辞退すること。

出場停止
【しゅつじょうていし】
① 不祥事を起こしたチームに対し連盟(高校野球連盟など)が、連盟が主催する大会への参加を停止すること。
② 違反行為があった監督、コーチ、選手に対し一定期間試合への出場を停止すること。
(例)○○チームの監督は判定に対する暴言のため、3試合の出場停止処分になった。

出塁
【しゅつるい】【on-base average】
ヒットや四死球で塁に出ること。エラーで塁に出た時も、エラーで出塁というが記録上の出塁にはならない。

出塁率
【しゅつるいりつ】
【on-base percentage】
ヒットと四死球を足した数字を打数、四死球、犠打を足した数字で割ったもの。小数点4位以下を四捨五入する。
(例)このバッターの出塁率は3割5分5厘だ。

首都大学野球連盟
【しゅとだいがくやきゅうれんめい】
関東にある大学で構成されている連盟。全日本大学野球連盟の傘下で、2008年1月現在、下記の14大学が加盟している。
東海大学、帝京大学、
城西大学、武蔵大学
玉川大学、成城大学
明治学院大学、日本体育大学
筑波大学、大東文化大学
東京経済大学、獨協大学
明星大学、創造学園大学

守備
【しゅび】【fielding/defense】
守り。

守備固め
【しゅびがため】
守備に不安がある選手に代えて、守備の上手い選手を出すこと。

守備機会
【しゅびきかい】
守備をした回数。刺殺+補殺+失策で算出する。

守備陣形
【しゅびじんけい】
【defensive alignment】
守備位置の形。打者やケースによって守備位置を変える。その形を守備陣形という。バント守備陣形などがある。

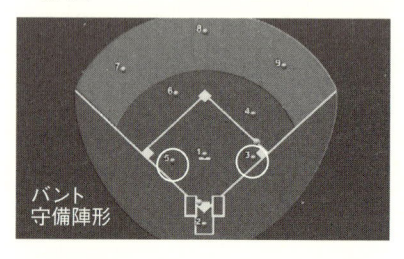

バント守備陣形

守備範囲
【しゅびはんい】
【cover ground】
野手の守れる範囲。
（例）イチローは守備範囲が広い。

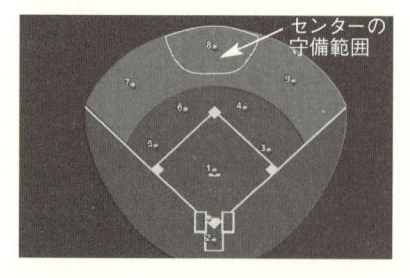

センターの守備範囲

守備妨害
【しゅびぼうがい】【interference】
攻撃側の選手が、守備を行おうとする野手を妨害すること。
→インターフェア

守備要員
【しゅびよういん】
【defensive replacement】
守りが得意な選手で、先発メンバーではないが、試合の後半に守備を強化するためベンチに入る選手のこと。

守備率
【しゅびりつ】
【fielding average】
アウト（刺殺、捕殺）にした数を守備機会（刺殺、捕殺、失策）数で割った数字。

守備練習
【しゅびれんしゅう】
【fielding practice】
守りの練習。シートノックやゲームノックなど。

準硬式野球
【じゅんこうしきやきゅう】
外側は軟式と同じだが、中は硬式と同じ素材でできているボールを使用した野球。ルールや使用する用具は硬式野球と同じ。

俊足
【しゅんそく】
【flyer/ speedster(俊足の走者)】
　足が速いこと。

俊足好守
【しゅんそくこうしゅ】【ball hawk】
　足が速く、守備が上手いこと。

俊足好打
【しゅんそくこうだ】
　足が速く、よく打つ選手のこと。

準備投球
【じゅんびとうきゅう】
【warm up pitches】
　試合前またはイニングの前に行う投球練習のこと。ルールでは1分以内で8球以内となっているので、準備投球は審判の判断に任されている。

準無安打試合
【じゅんむあんだしあい】
【near no-hitter】
　ヒット1本、無得点に抑えた試合のこと。

準レギュラー
【じゅんれぎゅらー】
【irregular regular】
　レギュラーの次のクラスの選手。

場外ホームラン
【じょうがいほーむらん】【lose a baseball(場外ホームランを打つ)】
　グランド外に飛び出したホームラン。

勝機
【しょうき】【kick at the can】
　① 勝つためのチャンス。
　② 勝つための大事な場面
　(例)この試合は勝機を物にして勝った。

湘南シーレックス
【しょうなんしーれっくす】
【SHONAN Searex】
　横浜ベイスターズのファーム(二軍)。イースタンリーグに加盟している。

少年野球
【しょうねんやきゅう】
　中学生と小学生の野球のこと。中学生は中学野球、小学生は学童野球ともいう。

勝負球
【しょうぶきゅう】【finishing pitch】
　投手が得意にしているボール。追い込んで三振を取りにいくときのボール。

正力松太郎賞
【しょうりきまつたろうしょう】
　プロ野球の発展に最も貢献した監督、選手に贈られる賞。正力松太郎は、日本初のプロ野球球団、大日本東京野球倶楽部(東京読売ジャイアンツ)を創設した。

勝利数
【しょうりすう】【wins】
　勝ち投手になった回数のこと。

勝利打点
【しょうりだてん】
　勝利チームが最後にリードした時の打点のこと。記録上の打点が記録されない時は、勝利打点も記録されない。
→決勝点

勝率
【しょうりつ】【percentage】
　勝利した割合。プロ野球のペナントレースは勝率で優勝が決まる。勝利数÷(勝利数＋敗戦数)

勝利投手
【しょうりとうしゅ】
【winning pitcher/ game winner】
　勝ち星が付いた投手。先発し5回以上投げ勝利投手の権利をもって降板し、チームが勝ったときの投手。同点か負けている時に救援し、降板するまでに逆転してチームが勝った時の投手。先発投手に勝利投手の権利がない時に登板してチームの勝利に貢献した投手(公式記録員が決定する)。

ショート
【しょーと】【shortstop】
　左翼手の前方で、三塁手と二塁手の間に守る野手のこと。ショートは内野の要で、動きが良く、肩の強い選手が起用される。ふつうは投手、捕手と並びチームの中心選手が守るポジション。センターライン(投手、捕手、ショート、セカンド、センター)のポジションの一つで、センターラインがしっかりしているチームは強いといわれている。
→遊撃手

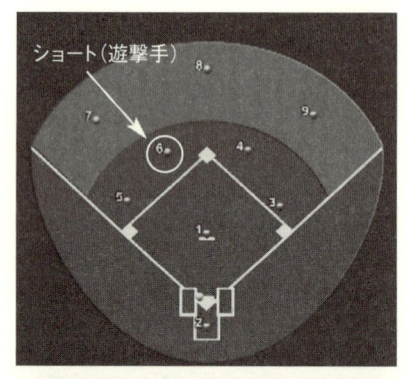

ショートバウンド
【しょーとばうんど】【short hop】
　ボールが地面に着いた(バウンドした)直後。
　(例)内野手はショートバウンドで打球を処理した方が捕球しやすい。

ショートリリーフ
【しょーとりりーふ】
【short relief】
　先発した投手を救援して、短いイニングを投球すること(短いイニングとは2回以内のこと。救援して3回以上投球したらロングリリーフという)。

ショーバン
【しょーばん】
→ショートバウンド

初球
【しょきゅう】【first ball】
　各打者にたいして、投手が投球した最初のボール。
　(例)初球から打っていこう。

触塁
【しょくるい】
　打者走者や走者がベースに触れること(ベースを踏むこと)。
　(例)走者の触塁を確認する。

触塁を怠る
【しょくるいをおこたる】
　空過。ベースを踏まずに次の塁に進むこと。または、逆走する時、いったん踏んだベースを踏み直さないで元の塁に戻ること。

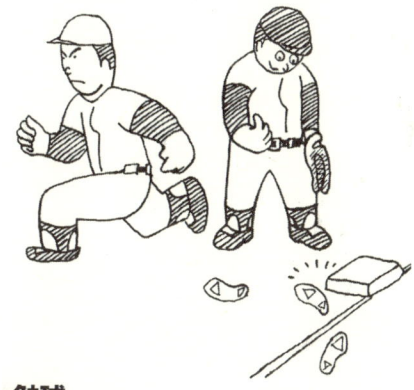

触球
【しょっきゅう】
→タッグ

初動負荷
【しょどうふか】
　動き始めに負荷をかけるトレーニング。

ショルダーファースト
【しょるだーふぁーすと】
【shoulder fast】
　バッティングやピッチングで肩が先に出ること。ためが作れないので、速いボールを投げたり、鋭いスイングができにくい。

自力優勝
【じりきゆうしょう】
　残り試合を全勝すれば、他のチームの勝敗にかかわらず優勝できること。

シンカー
【しんかー】【sinker】
　投手方向から見て、右側に曲がりながら落ちるボールのこと。左投手が投げればスクリューボールとよばれ、左に曲がりながら落ちる。

新規加盟
【しんきかめい】
　新しく団体に加わること。

シンキングファストボール
【しんきんぐふぁすとぼーる】
　小さく曲がる速いボール。ムービングファストボールともいう。ボールの握りは決まったものがなく、ツーシームの握りで投げる投手が多い。

神宮枠
【じんぐうわく】
　選抜大会(甲子園)の選考で、明治神宮大会で優勝したチームの地区から1チームが選出されること。

シングルA
【しんぐるA】【Class A】
　マイナーリーグのクラスの一つ。マイナーリーグで一番下のクラス。

シングル(ハンド)キャッチ
【しんぐる(はんど)きゃっち】
【one-handed catch】
　片手取り。グラブをはめてる方の手だけでボールを捕球すること。

シングルヒット
【しんぐるひっと】【single hit】
　単打。一塁に止まるヒットのこと。安打の多くは単打で二塁打、三塁打、本塁打の長打と区別される。

シンクロ打法
【しんくろだほう】
　タイミングの取り方の一つ。

人工芝
【じんこうしば】
【artificial grass (turf)】
　自然の芝（植物）ではなく、人工的に作られた芝のこと。土に植えられた自然の芝の方が選手の体の負担が少ないといわれている。通常、人工芝はコンクリートの上に張るので、ボールのイレギュラーなバウンドはほとんどない。最近は、天然芝とほとんど変わらないほど柔らかい人工芝も開発されている。

シンシナティレッズ
【しんしなてぃれっず】
【Cincinnati Reds】
　米国シンシナティを本拠地にするメジャーリーグの球団。ナリーグに所属。1869年、シンシナティに誕生したメジャー最古のプロ野球チーム。1919年世界一を達成。1975、1976年にワールドシリーズ連覇。1990年には、通算5度目の世界一に輝いた。

新人王
【しんじんおう】
【Rookie of the Year Award】
　日本のプロ野球では、登録されてから5年以内で、前年までに30イニング以内、または60打席以内の選手が対象になり、その年に最も活躍した選手に最優秀新人賞が贈られる。その最優秀新人のことを新人王とよんでいる。社会人野球の都市対抗では、その年に最も活躍した新人選手に若獅子賞（新人王）が贈られる。
→最優秀新人

新人選手選択制度
【しんじんせんしゅせんたくせいど】
【draft】
→ドラフト（制度）

審判（員）
【しんぱん（いん）】【umpire】
　グランド内で、試合の進行や判定をする人。
→アンパイア

進塁
【しんるい】【advance】
　先の塁に進むこと。
（例）進塁打を打つ。

スイッチ
【すいっち】【switch】
　投手を替えること。
　(例)次打者が左バッターなので、左ピッチャーにスイッチした。

スイッチヒッター
【すいっちひったー】【switch hitter】
　右、左両方の打席で打てる打者。通常は、相手の投手が左投手の時は右打席、右投手の時は左打席に入る。

スイング
【すいんぐ】【swing】
バットを振ること。

スイングアウト
【すいんぐあうと】【swing out】
　3ストライク目を空振りしてアウトになること。

スウィープ
【すうぃーぷ】【sweep】
　同一カードを連勝(3連勝)すること。

スイングスピード
【すいんぐすぴーど】【swing speed】
　バットを振る速さ。

スカイドーム
【すかいどーむ】【SkyDome】
　トロントブルージェイズの本拠地。東京ドームを造る時に、参考にしたといわれている。

スカウト
【すかうと】【bird dog】
① 優秀な選手を探し、チームに勧誘すること。
② ①を職業にしている人のこと。

スクイズ(バント)
【すくいず(ばんと)】【squeeze】
　無死または一死、走者が三塁にいる時、投球と同時に走者がスタートを切り、打者がバントをして得点をあげることを試みるプレイ。

スクエアスタンス
【すくえあすたんす】
【square stance】
　両足を投手方向に平行に置く打者の構えのこと。

スクラッチ式
【すくらっちしき】
投球時、ヒジから引き上げるように腕が上がっていく投げ方。

スクラッチヒット
【すくらっちひっと】【scratch hit】
イレギュラーやまぐれ当たりのヒットのこと。

スクリューボール
【すくりゅーぼーる】【screwball】
左投手が投げるシンカー。左投手が投げるボールで、左に曲がりながら落ちるボール。

スコア
【すこあ】【score】
得点、点数のこと。
(例)3対3のタイスコア。

	1	2	3	4	5	6	7	8	9	計
Aチーム	0	0	0	0	2	0	0	0	1	3
Bチーム	0	0	0	0	0	3	0	0	3	3

スコアカード
【すこあかーど】【scorecard】
試合の一つひとつのプレイを略字を使って記入するカードのこと。

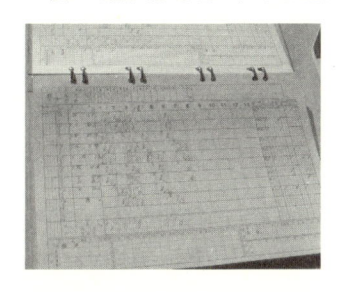

スコアブック
【すこあぶっく】【scorebook】
スコアをつけるための用紙。数試合分が製本されブック形式になっているものや、バインダー形式で用紙を差し替えられるものがある。

スコアボード
【すこあぼーど】【scoreboard】
バックスクリーン横にあって、得点、アウトカウント、打順などが表示してあるボード。

スコアラー
【すこあらー】【scorer】
　①　スコアをつける記録員のこと。②相手チームの試合や練習を見て情報を集め、特徴や弱点を報告する人のこと。

スコアリングポジション
【すこありんぐぽじしょん】
【scoring position】
　二塁か三塁(走者がワンヒットで本塁に生還できる可能性が大きい塁)。(例)スコアリングポジションに走者がいる時のバッティングは第一ストライクを狙う。

スターティングピッチャー
【すたーてぃんぐぴっちゃー】
【starting pitcher/ starter】
→先発投手

スターティングメンバー（スタメン）
【すたーてぃんぐめんばー(すためん)】
【starting lineup】
→先発メンバー

スタジアム
【すたじあむ】【stadium】
→野球場

スタルヒン球場
【すたるひんきゅうじょう】
→旭川市花咲スポーツ公園硬式野球場

スタンス
【すたんす】【stance】
　バッティング時の両足の位置や間隔。

スタンド
【すたんど】
　観客席。

スタンドプレイ
【すたんどぷれい】
【grandstand play/stand play】
　派手なプレイ。基本に忠実ではなく、平凡な打球でも観客にファインプレイと思わせるようなプレイ。

スチール
【すちーる】【steal】
　プレイ中に次の塁にスタートを切り、次の塁を占有することを試みること。二盗(二塁への盗塁)、三盗(三塁への盗塁)、ホームスチール(本塁への盗塁)がある。
→盗塁
→ストールンベース

すっぽぬけ
【すっぽぬけ】
　投球や送球時、ボールに指がかからず、ボールが浮くこと。

素手
【すで】
　手に何もつけていないこと。
（例）素手でボールの捕球練習をする。

ステイロング
【すていろんぐ】
　前の方を大きく振るスイング。

ステップ
【すてっぷ】
　打撃、投球、送球時に前足を踏み出すこと。

ストーブリーグ
【すとーぶりーぐ】【hot stove league】
　プロ野球のシーズンオフに、新聞などで扱われるプレイ以外の話題。

ストールンベース
【すとーるんべーす】【stolen base】
→盗塁
→スチール

ストッキング
【すとっきんぐ】
【stirrup socks/ stirrups】
　足の先の部分とかかとの部分がカットされたもので、ソックスの上から履くソックス。

ストッパー
【すとっぱー】【stopper/closer】
　① 勝っている試合の最終回に出てくる抑えの投手のこと。
　② 連敗している時に登板し、連敗を止める投手。連敗ストッパーという。
→抑え
→クローザー

ストライク
【すとらいく】【strike】
　① 投球でボールの一部がノーバウンドでストライクゾーンを通過したボール。
　② 打者が空振りしたボール。

③ 打者がバットに当てファウルになったボール（このボールはファウルというが、0または1ストライクの時は、ストライクにカウントされる）。
④ 打者がバントしてファウルになったボール
⑤ ストライクゾーンへの投球で打者に当たったボール。

ストライクアウト
【すとらいくあうと】
空振り、または見逃しで三つ目のストライクを宣告され、捕手が完全捕球してアウトになること。

ストライクゾーン
【すとらいくぞーん】【strike zone】
ルールで決められているストライクの範囲。打者が打つための姿勢の時の、膝頭の下の部分を下限とし、ズボンの上部と肩のラインの中間点を上限とした本塁ベース上の空間。

ストライド
【すとらいど】【stride】
走るときの歩幅。

ストレート
【すとれーと】
【fastball/straight】
曲がらずに真っすぐ進むボール。

ストレートスライディング
【すとれーとすらいでぃんぐ】
片方の足を伸ばし、一方の足を折り曲げて、折り曲げた方の足を軸にしてすべるスライディング。スライディングの後、すぐ立ち上がり次の塁にスタートが切れる。
→ベントレッグスライド

ストレッチ
【すとれっち】【stretch】
投球前の準備運動。投手が投球前に腕を頭上や体の前に伸ばす行為。

スナップ
【すなっぷ】【snap】
　手首。投球やバッティングの時、手首を利かせること。
　(例)もう少しスナップを使って投げれば良いボールが投げられる。

スナップスロー
【すなっぷすろー】【snap throw】
　ヒジと手首を使って柔らかく投げる投法。

スパイク
【すぱいく】【spike】
　① 底に野球用の金属が付いたシューズ。
　② スパイクでのけがのこと。
　(例)滑り込んできた走者にスパイクされた。

スパイクシューズ
【すぱいくしゅーず】
【baseball shoe/spikes】
　底に野球用の金属が付いたシューズ。

スピードガン
【すぴーどがん】【speed gun】
　主に投手のスピードを測る機械(バットスイングのスピードなども測れる)。

スピットボール
【すぴっとぼーる】
【spit/ spitball/ country sinker】
　唾を付けたボール。ボールに唾や異物を付けることは禁止されている。唾をつけると反則ボールになる。

スピリットフィンガーファストボール
【すぴりっとふぃんがーふぁすとぼーる】
【spirit-fingered fast ball】
　フォークボールより人差し指と中指の感覚を狭めて投げるボールで、フォークボールより落ちが少ない。

スピン
【すぴん】【spin】
回転。

素振り
【すぶり】【warm-up swing】
打撃練習の一つで、バットを振るだけの練習。

スプレーヒッター
【すぷれーひったー】【spray hitter】
いろいろな方向へ打てる広角打者のこと。

スミイチ
【すみいち】
初回に挙げた1点だけのこと。

スミイチ

	1	2	3	4	5	6	7	8	9	計
Aチーム	1	0	0	0	0	0	0	0	0	1
Bチーム	0	0	0	0	0	0	0	0	0	0

スモークボール
【すもーくぼーる】【smoke ball】
煙のように見えないくらい速い豪速球。

スラーブ
【すらーぶ】
スライダーの一種。カーブに近いスライダー。スライダーより曲がるがカーブより速い。カーブとスライダーの中間の変化球。

スライスする打球
【すらいすするだきゅう】【slicer】
右へ曲がっていく打球。

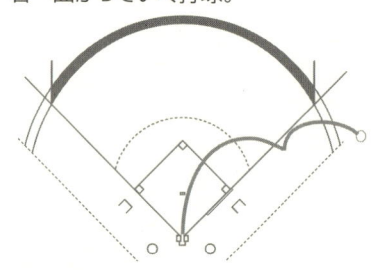

スライダー
【すらいだー】【slider】
右投手の場合、投手側から見て左に曲がるボール（左投手の場合は右に曲がる）。カーブよりも曲がりが小さい。

スライディング
【すらいでぃんぐ】【slide】
塁上でタッチをかわすため、または、速くベースに到達するために滑り込むこと。

スライディングキャッチ
【すらいでぃんぐきゃっち】
　滑りながらボールを捕球すること。

スライディングパンツ
【すらいでぃんぐぱんつ】
【sliding shorts】
　スライディング時にけがをしないため、ユニフォームのパンツの下に着用する厚手のショートパンツ。

スラッガー
【すらっがー】【slugger】
　① 強打者。
　② 長距離打者。

スラッギングアベレージ
【すらっぎんぐあべれーじ】
【slugging average】
　長打を打った率。(総塁打数÷打数)
→長打率

スランプ
【すらんぷ】【slump】
　一時的に調子が悪くなること。

スリーエー
【すりーえー】【3A】
　メジャーリーグ下部組織でインターナショナルリーグ とパシフィックコーストリーグ がある。
→トリプルエー

AAA世界野球選手権大会
【すりーえーせかいやきゅうせんしゅけんたいかい】
　16歳から18歳までの選手の世界大会。日本は高校野球選手権大会（夏の甲子園大会）と重なるため、参加していない。

スリークオーター
【すりーくおーたー】
【three quarter】
　上手投げと横手投げの中間から投げる投げ方。3／4の位置から投げるのでスリークオーターという。

スリーバント
【すりーばんと】【two-strike bunt】
ツーストライク後のバント。失敗（ファウル）するとスリーバント失敗でアウト（記録は三振）になる。

スリーフィートライン
【すりーふぃーとらいん】
【three-foot line】
本塁から一塁までの中間から一塁ベースの先まで引いてあるライン。打者走者はファウルラインと3フィートラインの間を走ることになっている。

スリーベースヒット
【すりーべーすひっと】
→三塁打

スリーラン
【すりーらん】【three run homer】
走者が二人いる場面でのホームラン。3点入るのでスリーランという（ランは得点の意味）。

スルー
【するー】
外野からバックホームへの返球などの時、中継に入った内野手がボールを中継せずに、そのまま見送ること。

スロー
【すろー】【throw】
ボールを投げること。

スローイング
【すろーいんぐ】【throwing】
① 投げる時の一連の動作。
② 投げること。
（例）彼はスローイングが悪い。

スローカーブ
【すろーかーぶ】
【slow-breaking curve】
スピードが遅いカーブ。

スロートガード
【すろーとがーど】
のどや首を防御するためにマスクの下に装着する防具。審判や捕手のマスクに装着する。

スロートガード

スローボール
【すろーぼーる】
【balloon ball/slow ball】
スピードが遅いボール。

スロットスタンス
【すろっとすたんす】
球審の構えの一つ。

生還
【せいかん】
攻撃側のチームの選手が、ホームにかえってきて得点をあげること。

制球
【せいきゅう】【control】
思い通りのところにボールを投げられる正確度。
（例）制球の良い投手＝コントロールがよい投手（自分の思い通りの場所に投げられる投手）。
→コントロール

静止
【せいし】
【stop position/ discernible stop（セットポジションでの静止）】
動きを止めること。
（例）セットポジションでの投球は、セットポジションに入ったら、いったん静止する。

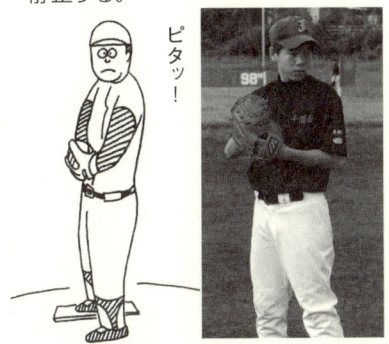

西武ドーム
【せいぶどーむ】
【Seibu Dome/(Goodwill Dome)】
埼玉県所沢市に建設されたドーム球場。西武ライオンズの本拠地。両翼100m、中堅122m。人工芝球場。西武ドームは、屋根なし球場をそのまま残し、後から屋根を建設することによってドーム球場となった。球場の命名権を売却して、グッドウィルドームと呼ばれていたが、2007年12月に契約を解消した。
所在地
埼玉県所沢市大字上山口2135

西武ライオンズ
【せいぶらいおんず】
【Seibu Lions】
日本のプロ野球球団。パリーグに所属し、埼玉県所沢市の西武ドーム球場を本拠地にしている。ファーム（二軍）は、西武第2球場を本拠地にしている。
1949年の2リーグ分裂と同時に福岡で西鉄クリッパースとして創立。1951年に西日本パイレーツと合併し西鉄ライオンズとなる。1956～1958年に日本シリーズ3連覇を達成している。その後、球団経営が変わり、チーム名も太平洋クラブライオンズ、クラウンライターライオンズと変わっていったが、1979年に現在の西武ライオンズになり、本拠地も埼玉県所沢市に移転した。1982年、1983年に2年連続日本一、1986～1988年は3年連続日本一になり常勝軍団となった。2007年までの戦績は、リーグ優勝20回、日本シリーズ優勝12回。

セーフ
【せーふ】【safe】
　走者が塁に生きる、または得点を認める審判の判定。

セーブ
【せーぶ】【save】
　勝利した試合の最後に投げた投手につく記録。次項目の一つを満たすことが条件。ただし勝利投手には付かない。
　① 3点以内のリードの場面でリリーフし、1イニング以上投げた場合。
　② 二者連続ホームランを打たれると、同点または逆転される場面で登板。
　③ 点差に関係なく3イニング以上投げた場合。

セーブ機会
【せーぶきかい】
【save opportunity】
　セーブがつく場面での登板(セーブ数をセーブ機会数で割った数字がセーブ成功率)。

セーブ失敗
【せーぶしっぱい】【blown save】
　セーブ機会に登板して、セーブを記録できなかった投手に記録される。

セーフティースクイズ
【せーふてぃーすくいず】
　三塁に走者がいる時、打者がバントをして、その打球を見て、走者が本塁に走るプレイ。打者はウエスト(ストライクから大きく外すボール)されたり、ボールだったらバントをしない。

セーフティーバント
【せーふてぃーばんと】
【drag bunt】
　自ら生きようとするバントのことで、送りバントやスクイズバントとは区別される。足の速い打者がバントをして一塁に生きることを目的としたバント。

セーフティーリード
【せーふてぃーりーど】
【safety lead】
　牽制球を投げられても確実にセーフになる位置への離塁。

セーブポイント
【せーぶぽいんと】【save point】
　セーブと救援勝利を合計した数。

セオリープレイ
【せおりーぷれい】【theory play】
　常識的、定石的なプレイのこと。
　(例)無死一塁での三塁ゴロは二塁に送球するのがセオリープレイ。

世界大学野球選手権大会
【せかいだいがくやきゅうせんしゅけんたいかい】
　2002年にイタリアで第1回大会が開催され、2年に1度開催されている。

セカンド(ベースマン)
【せかんど(べーすまん)】
【second baseman】
　一塁ベースと二塁ベースの間を守る内野手のこと。
　→二塁手

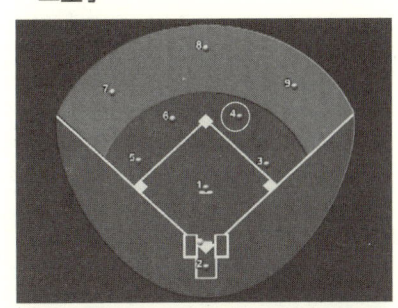

セカンドゴロ
【せかんどごろ】
　① 二塁手が捕球できる範囲に転がった打球。
　② 二塁手が処理してアウトにしたゴロ。

セカンドフライ
【せかんどふらい】
【fly ball to second】
　① 二塁手が捕球できる範囲に上がった飛球。
　② 二塁手が捕球した飛球。

セカンドベース
【せかんどべーす】【second base】
　二塁のベース。

絶好球
【ぜっこうきゅう】【cream puff】
　打ちやすい球。
　(例)絶好球を見逃すな。

接戦
【せっせん】【nail-biter】
　→クロスゲーム

セットアッパー
【せっとあっぱー】【setup man】
　同点または勝ち試合の終盤に出場して、抑えの投手につなぐ役目の投手のこと。

セットポジション
【せっとぽじしょん】【set position】
投手の投球姿勢の一つで、軸足を投手板に置き、両手でボールを保持して体の前で止め、いったん静止した姿勢から投球する投球モーション。

ゼネラルマネージャー
【ぜねるるまねーじゃー】
【general manager】
球団全体の業務を担当する管理者。メジャー球団にはほとんどいるが、日本のプロ野球は置いていない球団が多い。

背番号
【せばんごう】【uniform number】
ユニフォームの背に着ける番号のこと。背番号は、それぞれの団体で、それぞれの意味を持っている。大学野球や社会人野球では10番が主将で30番が監督、高校野球は1桁の番号がレギュラー番号。プロ野球では過去に活躍した選手の名前を汚さないために、その番号を永久欠番としている背番号もある。

セブンスイニングストレッチ
【せぶんすいにんぐすとれっち】
【seventh-inning strech】
メジャーリーグで、七回裏のホームチームの攻撃前に、ファンが立ち上がって背伸びをしてリラックスすると同時に「Take Me Out to the Ball Game」を歌う習慣。

セリーグ
【せりーぐ】【Central League】
セントラルリーグの略。セリーグは、プロ野球リーグの一つで、正式名称はセントラル野球連盟。読売ジャイアンツ、阪神タイガース、中日ドラゴンズ、東京ヤクルトスワローズ、広島東洋カープ、横浜ベイスターズの6球団が加盟している。
→セントラルリーグ

選球眼
【せんきゅうがん】【batting eye】
打者がストライクとボールを見極める判断力。
（例）この打者は選球眼が良いから、三振が少なく四球が多い。
→バッティングアイ
→いい目

先攻
【せんこう】【first ups】
試合で先に攻めるチーム

全国高等学校野球選手権大会
【ぜんこくこうとうがっこうやきゅうせんしゅけんたいかい】
夏の甲子園大会。夏は春と違い各都道府県の優勝チームが出場する。北海道は南北、東京は東西に分け、そ

れぞれの優勝チームが出場できる。高野連と朝日新聞社の主催。

全国少年硬式野球協会
【ぜんこくしょうねんこうしきやきゅうきょうかい】
→サンリーグ

選手
【せんしゅ】【player】
　野球をする人たち。
→プレイヤー

選手層
【せんしゅそう】
　レギュラーと変わらないくらいの力を持った選手の数。
（例）このチームは選手層が厚い。

線審
【せんしん】【umpire】
　ライトとレフトの線上で判定をする審判。最近は審判の4人制が多く採用されているので、通常は線審は付かない。プロ野球のナイター試合などで打球が見にくい時は6人制で行われ線審が付くことがある。
→外審

前進守備
【ぜんしんしゅび】
　定位置より前に出て守る守備隊形。

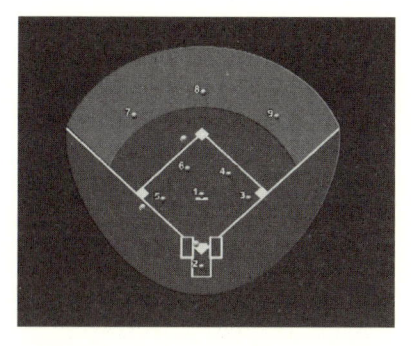

先制
【せんせい】
　試合で先に得点し、リードすること。

3回に2点を先制

	1	2	3	4	5	6	7	8	9	計
Aチーム	0	0	2							2
Bチーム	0	0	0							0

センター
【せんたー】【center fielder (CF)】
→中堅手

センターオーバー
【せんたーおーばー】
【over the center fielder('s head)】
　センター（中堅手）の頭の上を越える打球。

センター返し
【せんたーがえし】
　センター方向へライナーで打ち返すこと。バッティングの基本。

センターライン
【せんたーらいん】
　投手、捕手、遊撃手、二塁手、中堅手全員のこと。

(例) センターラインがしっかりしているチームは強い。

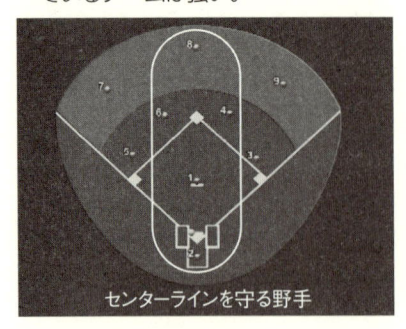

センターラインを守る野手

仙台六大学野球連盟
【せんだいろくだいがくやきゅうれんめい】
　仙台の大学で構成されている連盟。全日本大学野球連盟の傘下で、2008年1月現在、下記の6大学が加盟している。
東北福祉大学、東北工業大学
仙台大学、東北学院大学
宮城教育大学、東北大学

セントラルリーグ
【せんとるるりーぐ】
【Central League】
→セリーグ

セントルイスカージナルス
【せんとるいすかーじなるす】
【St. Louis Cardinals】
　米国セントルイスを本拠地にするメジャーリーグの球団。ナリーグに所属。1876年にクリーブランドブルースとして創設。1998年にセントルイスに移転。その後、カージナルスにチーム名を変更。ワールドシリーズに15回進出、優勝9回はヤンキースに次いで2位。

全日本アマチュア野球連盟
【ぜんにっぽんあまちゅあやきゅうれんめい】
【Baseball Federation of Japan】
　国際的に日本のアマチュア野球を代表する団体。国際野球連盟、アジア野球連盟、日本オリンピック委員会に加盟している。

全日本クラブ野球選手権大会
【ぜんにっぽんくらぶやきゅうせんしゅけんたいかい】
　社会人クラブチームの日本選手権大会。実業団登録の企業チームは参加できない。この大会の優勝チームは社会人野球日本選手権大会に出場できる。

全日本大学野球選手権大会
【ぜんにっぽんだいがくやきゅうせんしゅけんたいかい】
【All Japan University Baseball Championship Series】
　大学野球の日本選手権大会。毎年6月に明治神宮野球場で開催されている。主催は全日本大学野球連盟。

(財)全日本大学野球連盟
【ぜんにっぽんだいがくやきゅうれんめい】
【Japan University Baseball Federation】
　全国26大学野球連盟の上部団体。昭和27年、東京6大学、関西6大学、東都大学、東北・北海道、関東、東海、近畿・中国・四国、九州の8連盟を統合し、全日本大学野球連盟が結成された。同年、全国8連盟の代表による第1回全日本大学野球選手権大会

を開催。昭和54年、財団法人に認可されている。上部組織に日本学生野球協会がある。全日本大学野球選手権大会、日米大学野球選手権大会を主催している。

全日本中学野球大会
【ぜんにっぽんちゅうがくやきゅうたいかい】

中学生の硬式野球の日本一を決める大会。中学生の硬式野球チームは、2008年1月現在7連盟約1,200チームがある。リーグが異なる連盟間の交流は一部の連盟を除いて行われていないが、読売ジャイアンツの60周年を記念して1994年からジャイアンツカップと名付けられた交流戦が行われてきた。2005年からは全7連盟の代表による優勝決定戦となり、2007年から全日本中学野球大会となった。第1回大会はボーイズリーグのジュニアホークスボーイズが優勝した。

(財)全日本軟式野球連盟
【ぜんにっぽんなんしきやきゅうれんめい】
【Japan Rubber Baseball Association】

主に社会人と学童(小学生)の軟式野球大会を主催する連盟。2008年1月現在、全日本軟式野球連盟傘下チーム数は、社会人野球チーム約3万7千、少年(学童)野球チーム約2万、その他、大学協会、専門学校、還暦連盟チームが約千チームあり、その競技人口は約120万人となっている。社会人野球は底辺拡大のためA、B、Cに分けて大会を開催している。

(財)全日本リトル野球協会
【ぜんにっぽんりとるやきゅうきょうかい】
【Japan Little League】

リトルリーグ(12歳まで)委員会とリトルシニア(中学生)委員会に分けて、大会や行事を行っている野球協会。世界大会もあり、世界組織の中の一つになっている。

センバツ
【せんばつ】
→選抜高等学校野球選手権大会

先発
【せんぱつ】【starting member】
試合のスタートから出場する選手。
→スターティングメンバー(スタメン)

先発完投型の投手
【せんぱつかんとうがたのとうしゅ】
先発し完投するタイプの投手。高い投球技術とスタミナを兼ね備えた投手。

選抜高等学校野球選手権大会
【せんばつこうとうがっこうやきゅうせんしゅけんたいかい】
【National High School Baseball Invitational Tournament】

春に行われる高校野球の甲子園大会。前年秋の各地区の大会で好成績を収めたチームの中から選抜され、出場が決定する。高野連と毎日新聞社主催。
→センバツ

選抜チーム
【せんばつちーむ】

各チームから選手を選抜してつくったチーム。（例）全日本高校野球日本選抜チーム。
→ピックアップチーム

先発投手
【せんぱつとうしゅ】
【starting pitcher】
　試合のスタートから出場する投手。先発投手は、先頭打者をアウトにするか、打者が一塁に達するまでは交代することができない。従って、一回表の攻撃で先発ピッチャーに代打を出すことはできない。

扇風機
【せんぷうき】【fan】
　扇風機のように回る（空振り）ばかりで打てない選手。

占有権
【せんゆうけん】
　塁を占有する権利。他に走者がいない塁に触れると、その塁の占有権が生まれる。ひとつの塁にふたりの走者がいる時、例えば三塁ベースに三塁走者と二塁走者が同時にベースを踏んでいて、二人ともタッチされると、占有権のある三塁走者はアウトにならず、占有権のない二塁走者がアウトになる。

全力疾走
【ぜんりょくしっそう】
　全力で走ること。

全力投球
【ぜんりょくとうきゅう】
【bear down】
　力を抜かず全力で投げ切る投球。

送球
【そうきゅう】【throw】
　野手(投手を含む)から野手に投げるボールのこと。
　(例)三塁から一塁への送球が逸れてセーフ。

送球エラー
【そうきゅうえらー】
【throwing error】
→悪送球

走、攻、守
【そうこうしゅ】
　走塁、攻撃、守備のこと。
　(例)走、攻、守、三拍子揃った好選手。

走者
【そうしゃ】【runner】
　塁に出ている選手のこと。
→ランナー

走者一掃
【そうしゃいっそう】【Hoover】
　各塁にいる走者を全て本塁に迎え入れること。
　(例)走者一掃の二塁打。

走者の後ろ
【そうしゃのうしろ】
【behind the runner】
　走者が進塁しようと進んでいる逆方向。
　(例)走者の後ろに転がせ。

(走者を)刺す
【(そうしゃを)さす】
　走者を牽制や送球でアウトにすること。
　(例)牽制で一塁走者を刺した。

総得点
【そうとくてん】【runs produced】
　試合であげた全ての得点。

総有料入場者数
【そうゆうりょうにゅうじょうしゃすう】
【gate】
　お金を払って見に来ている入場者の総数。

走塁
【そうるい】【base running】
　塁間を走ること。

走塁妨害
【そうるいぼうがい】
【obstruction】
　塁間を走る走者が、相手チームの選手に妨害されること。

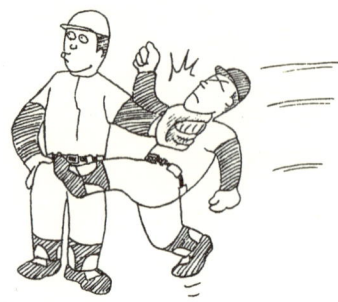

走路
【そうろ】【right of way】
　走者が走っていい場所。走者が走らなければいけない場所。野球のルールでは、走者が走らなければいけない場所がある。打者走者が一塁に駆け抜ける時は、ファウルラインとスリーフィートラインの間を走ることになっている。また、塁と塁を結ぶ直線から左右3フィートの間が走者の走路だが、走路を外れて走ってもアウトにはならない。アウトになるのは、野手のタッチを避けようとしてスリーフィートラインをオーバーした時。

走路を走っていないのでアウトになる

続投
【ぞくとう】
　投手を交代させないで、そのまま投げさせること。

速球
【そっきゅう】
【fastball/ fireball/ smoke】
　変化しない、真っすぐの速いボールのこと。直球ともいう。
→ストレート
→ファストボール

速球投手
【そっきゅうとうしゅ】【blower】
　速いボールを中心に組み立てをする投手。ストレートが速い投手。

ソックス
【そっくす】【sanitary socks】
　白色の長い靴下で、ストッキングの下に履く。

外捻り
【そとひねり】
　外側に捻ること。

腕が外側に捻られている

ソロ（ホームラン）
【そろ（ほーむらん）】
【solo homerun】
　走者がいないときに打つホームランのこと。

タイガースカップ
【たいがーすかっぷ】
中学生の硬式野球チームの関西一を決める大会。

タイゲーム
【たいげーむ】【tie game】
5回終了までゲームが進み、降雨などの影響で同点の試合。試合は成立する。

タイ記録
【たいきろく】【tie】
過去の記録に並ぶこと。
（例）通算ホームランのタイ記録である。

第三アウト
【だいさんあうと】
1イニングに三つ目のアウトが成立すること。チェンジになる。

第三アウトの置き換え
【だいさんあうとのおきかえ】
得点が入らないように、三つ目のアウトを置き換えること。第三アウトが成立した後でアピールして第三アウトとアピールアウトを置き換えること。例えば、2アウト二塁で、打者がヒットを打ち、二塁走者がホームインした後、二塁へ走った打者走者がタッチアウトとなった。この時、1点入り3アウトになるが、二塁走者が三塁ベースを踏まずに生還していたら、三塁ベースの空過をアピールして、こちらを第三アウトに置き換えることで無得点になる。

体重移動
【たいじゅういどう】
体の重心を片方の足から片方の足へ移動すること。

退場
【たいじょう】【banish】
グランドを去ること。選手や監督が、暴力行為や不正行為で退場を命じられることもある。

退場処分
【たいじょうしょぶん】【ejection】
暴力行為や不正行為に対する処分の一つ。退場処分になったらグランドから出ていき、その試合には出場できない。

タイスコア
【たいすこあ】【tie score】
試合の途中で同点のこと。

	1	2	3	4	5	6	7	8	9	計
Aチーム	0	0	2	0	1	0				3
Bチーム	0	0	0	1	0	2				3

6回を終わって3対3のタイスコア

代走(者)
【だいそう(しゃ)】【pinch runner】
塁にいる走者に代わって、走者になる選手。
→ピンチランナー

代打
【だいだ】【pinch hitter】
→ピンチヒッター

タイトル
【たいとる】【title】
　一番になること。チームのタイトルは優勝。主な個人タイトルは、首位打者、ホームラン王、打点王、盗塁王、防御率1位、最多勝利などがある。

タイトルホルダー
【たいとるほるだー】
【titleholder】
　タイトルを取った球団や選手のこと。

第二リード
【だいにりーど】
　走者が、投手の投球と同時に大きくリードし、打者の攻撃で進む方向を判断する位置のこと。

ダイビングキャッチ
【だいびんぐきゃっち】
【diving catch】
　頭から飛び込んで捕球すること。

タイブレーク
【たいぶれーく】【tie break】
　規定の回数を経過しても同点のため決着がつかないときの特別ルール。都市対抗野球（社会人野球の全国大会）などで採用されている。都市対抗は、延長13回が終了し、試合時間が四時間を超えた時にタイブレークとなり、14回表は一死満塁から始める。打者は13回からの継続打順で、走者は打者の前の打順の選手がそれぞれ打順どおり三塁、二塁、一塁走者となる。

大砲
【たいほう】【artillery】
→ロングヒッター
→長距離打者

タイミング
【たいみんぐ】【timing】
　投手の投球に対してリズムをとり、ジャストミートできるように体の動きを合わせること。

タイム
【たいむ】【time】
①　プレイ中に審判が一時中断するために発するコール。
②　プレイ中の一時中断のための時間。

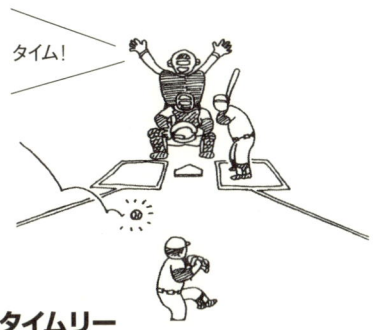

タイムリー
【たいむりー】【run-scoring hit】
→**タイムリーヒット**

タイムリーエラー
【たいむりーえらー】【timely error】
得点に結びつくエラー（失策）のこと。

タイムリーヒット
【たいむりーひっと】【timely hit】
打点付きのヒット。

ダイヤモンド
【だいやもんど】
【diamond/ infield】
野球場の四つのベースを結んだ場所。大きな意味では内野、またはグラウンド全体をさすこともある。

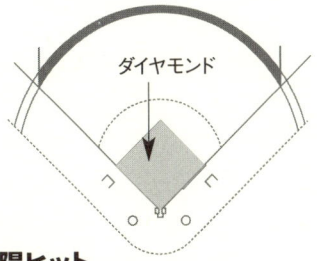

太陽ヒット
【たいようひっと】【sun hit】
太陽の光が野手の目に入り、打球が見えなくなりヒットになること。

大リーグ
【だいりーぐ】【Major League】
→**メジャーリーグ**
→**MLB**

代理人
【だいりにん】【agent】
プロ野球の選手が、所属球団と年俸などの交渉をする時、選手に代わって交渉をする人のこと。

代理人交渉
【だいりにんこうしょう】
日本のプロ野球やメジャーリーグで、本人に代わって代理人が、球団と年俸などの交渉を行うこと。

ダイレクトキャッチ
【だいれくときゃっち】
【direct catch】
打球が地面に落ちる前に直接捕球すること。

台湾野球
【たいわんやきゅう】
一般的には、台湾で開催されているプロ野球のこと。台湾でも野球は盛んで、硬式の中学野球や高校野球、社会人野球などがある。

ダウン
【だうん】【down】
① 練習や試合の後に行う軽い運動。
② アウトのこと。
→クールダウン(クーリングダウン)

ダウンスイング
【だうんすいんぐ】【downswing】
上から下に振り下ろすバットの振り方。下から上に振るスイングをアッパースイング、地面と平行に振るスイングをスクエアスイングという。

高松宮賜杯全日本軟式野球大会一部
【たかまつのみやしはいぜんにっぽんなんしきやきゅうたいかいいちぶ】
昭和32年に第1回大会が開催され、昭和34年の第3回大会から高松宮杯が下賜された。軟式野球連盟クラスBの大会で、天皇賜杯全日本軟式野球大会に次ぐ大きな大会。競技人口の多いBクラスの各都道府県の予選大会で優勝したのち、ブロック大会の代表となったチームが出場できる。優勝または準優勝のチームは、次年度よりAクラスに昇格できる。

高松宮賜杯全日本軟式野球大会二部
【たかまつのみやしはいぜんにっぽんなんしきやきゅうたいかいにぶ】
昭和32年に第1回大会が開催され、昭和34年の第3回大会から高松宮杯が下賜された。軟式野球連盟クラスCの大会で、天皇賜杯全日本軟式野球大会に次ぐ大きな大会。競技人口が最も多いCクラスの各都道府県の予選大会で優勝したのち、ブロック大会の代表となったチームが出場できる。優勝または準優勝のチームは、次年度よりBクラスに昇格できる。

高円宮賜杯全日本学童軟式野球大会
【たかまどのみやしはいぜんにっぽんがくどうなんしきやきゅうたいかい】
学童野球(小学生)の全国大会。1981年に第1回大会が開催され、1997年に高円宮賜杯が下賜された。全国47都道府県の各予選を勝ち抜いたチームが全国大会へ出場できる。全国大会で優勝したチームは、グアムで開催されるマクドナルド・フレンドシップ・ベースボール大会へ招待され、出場できる。

高め
【たかめ】【high】
通常、投球に対して使う表現で、高めとは、ストライクゾーンの高い位置周辺を指す。
→ハイ

打球
【だきゅう】【batted ball】
　打者が打ったボールのこと。

打撃
【だげき】【batting】
　打つ行為。
　（例）この打者は打撃センスが抜群によい。
　→バッティング

打撃コーチ
【だげきこーち】【batting coach/hitting instructor】
　バッティングを指導するコーチ。

打撃姿勢
【だげきしせい】
　ボールを打つための構え。

打撃術
【だげきじゅつ】
　バッティングの技術。アウトコースを逆らわずに右打ちしたり（右打者）、難しいコースはファウルにできる技術。変化球でも泳がずに、ためて打つことができる技術。ヒットエンドランで打球を転がせる技術などのこと。

打撃戦
【だげきせん】【slugfest】
　点を取り合う試合のこと。

打撃フォーム
【だげきふぉーむ】
　打撃をする時の連続した打ち方。構えからフォロースルーまで。
　→バッティングフォーム

打撃妨害
【だげきぼうがい】【interference】
　打撃を守備側の選手に妨害されること。打者のスイング時に捕手のミットが触れることが主な打撃妨害の一つ。
→インターフェア

打撃用手袋
【だげきようてぶくろ】
【batting glove/ batter's glove】
　打撃を行うときに着用する手袋。

打撃用手袋

打撃用パッド
【だげきようぱっど】【batting pad】
　デッドボールや自打球を直接受けないための防具。ヒジや前足の足首から足先を防護する。

打撃用ヘルメット
【だげきようへるめっと】
【batting helmet】
　打撃用のヘルメット。様々な形状のヘルメットがあり、日本のプロ野球はどんな形のものでもよいが、必ず打撃用ヘルメットを着用することになっている。アマチュア野球は各団体の規定に従うことになっている（基本は両耳付きのヘルメット）。

打(撃)力
【だ(げき)りょく】【batsmanship】
　打てる力。相手投手をうち崩せる力。バッティングのパワー。

打撃練習
【だげきれんしゅう】
【batting practice】
　ボールを打つ練習のこと。ボールを打つ練習はいろいろあるが、通常は投手の投球やマシンのボールを打つバッティングのこと。

打撃練習投手
【だげきれんしゅうとうしゅ】
【batting-practice pitcher】
打撃の練習で投手を務める選手やコーチのこと。
→バッティングピッチャー

竹バット
【たけばっと】
竹でできたバット。木に比べて折れにくいが、詰まると手がしびれる。

タコ
【たこ】【collar】
ノーヒットのこと。一つの試合で対象選手が1本もヒットを打っていないこと。
（例）今日は5タコだった。(5打数0安打だった)。

打者
【だしゃ】【batter】
打席に入り、投手が投球するボールに対して攻撃する選手のこと。
→バッター

打者一巡
【だしゃいちじゅん】
攻撃で、1イニング中に9人全員に打順が回ってくること。

打者走者
【だしゃそうしゃ】
【batter-runner】
打者が打撃を完了して走者になること。
→バッターランナー

打順
【だじゅん】
【batting lineup/order】
攻撃を行う選手の順番。一番から九番までの順番。
→バッティングオーダー

打順の誤り
【だじゅんのあやまり】
打順を間違って攻撃をすること。打順の誤りを打撃後に指摘されると、アウトになる。打順の誤りを打者が打撃中に指摘すると打者はアウトにならず、正式な打者と交代して試合続行になる。守備側は攻撃が終了してから指摘した方がアウトにできる。ただし、次の打者に1球でも投球したらアウトにならず、そのまま続行される。

た

打数
【だすう】【at bat (AB)】
　打席に立った回数から、四球、死球、犠牲バント、犠牲フライ、打撃妨害の回数を引いた数。打率算定の基礎数字になる。安打数を打数で割った率が打率。

打席
【だせき】【plate appearance】
　① 打者が攻撃する時に入る場所。
　② 打者が攻撃のため打席に入り、攻撃を完了すること。

打線
【だせん】【batting order】
　つながった打順。
　（例）上位打線、下位打線。

たたき込め
【たたきこめ】
　ホームランを打て。外野スタンドにボールを打ち込め。

立ち上がり
【たちあがり】
　投手の初回の投球のこと。

タッグ
【たっぐ】【tag】
　① 野手が、グラブまたは手にボールを持って塁にタッチすること。
　② 野手がグラブまたは手にボールを持って、ボールを持った方の手またはグラブで走者にタッチすること。
→触球

ダッグアウト
【だっぐあうと】【dugout】
　試合中、プレイしていない選手がいる場所。
→ベンチ

タッグプレイ
【たっぐぷれい】【tag play】
　タッグしなければアウトにならないプレイ。タッチプレイとも言う。
→タッチプレイ

奪三振
【だつさんしん】【strikeouts】
　奪いとった三振。

奪三振王
【だつさんしんおう】
【K crown/strikeout king】
　奪った三振が一番多い投手に与えられるタイトル。

奪三振率
【だつさんしんりつ】

1試合（9回）平均で、三振を奪った数。(奪三振数×9)÷投球回数で算出する。

タッチ
【たっち】【tag】
選手や審判の体や用具に触れること。

タッチアウト（タッグアウト）
【たっちあうと】【tag out】
タッチしてアウトにすること。

タッチアップ
【たっちあっぷ】【tag(ging) up】
打者が飛球を打った時、走者がもとのベースに帰塁し、野手の捕球後に次の塁へスタートを切ること。(参考)三塁走者がタッチアップで本塁に生還したら、打者には犠打と打点が付く（一塁走者や二塁走者がタッチアップで次の塁に進んでも犠打は付かない)。

タッチプレイ
【たっちぷれい】【tag play】
→タッグプレイ

縦スラ（イダー）
【たてすら（いだー）】
縦に曲がるスライダーのこと。カーブよりスピードがあり、縦に少し曲がる。

縦に曲がるカーブ
【たてにまがるかーぶ】
カーブの軌道は、通常、上から横に曲がりながら落ちてくる。縦に曲がるカーブとは、横に曲がらず上から下に曲がるように落ちてくるボールのこと。

打点
【だてん】【runs batted in】
安打、犠打、犠飛、四死球などで得点した時に記録される。エラーなどで得点した場合は打点にはならないが、エラーがなくても走者が得点できたときは打点が記録される。内野ゴロで得点した場合も打点になるが、併殺や併殺崩れで得点したときは打点にならない。
→ランズバッテッドイン

ダブル
【だぶる】【double】
① 二塁打のこと。
② ダブルプレイを完成させること。

ダブルA
【だぶるA】【Class AA】
マイナーリーグのクラスの一つ。ツーA。トリプルAの次のクラス。

ダブルスコア
【だぶるすこあ】【double score】
一方のチームの得点が、相手チームの得点の2倍になること。

ダブルスチール
【だぶるすちーる】【double steal】
二人の走者が同時に盗塁を試みること。
→重盗

WBC
【だぶりゅびーしー】
【World Baseball Classic】
　プロ選手も参加して真の世界一を決める国際大会。2006年3月に第1回大会が開催され日本が優勝した。
→ワールドベースボールクラシック

ダブルプレイ
【だぶるぷれい】
【double play (DP)】
　同時に二つのアウトが成立すること。五-四-三のダブルプレイ（走者一塁で三塁ゴロ、三塁手が捕って二塁へ送球、二塁手が捕って1アウト。更に一塁に転送し、一塁手が捕って2アウトでダブルプレイの完成）。
→併殺
→ゲッツー

ダブルヘッダー
【だぶるへっだー】
【doubleheader/bargain bill】
　1日に2試合、試合をすること。1試合ずつ別なチームと試合するときは変則ダブルヘッダーという。

打法
【だほう】
　打者がボールを打つ時の方法、打ち方。
→一本足打法
→神主打法
→振り子打法
→うねり打法

球数
【たまかず】
　投手が試合や練習で投げた投球数。

ダメ押し点
【だめおしてん】【insurance run】
　試合の後半、リードしているチームが更に得点を加え、その得点でほぼ勝利を手中にしたと思われる得点のこと。

打率
【だりつ】
【batting average (Avg)】
　安打数を打数で割った数字。割、分、厘で表示する。

弾丸ライナー
【だんがんらいなー】
【blue dart/ rocket】
　打球が極端に速いライナー。
→ライナー

短距離打者
【たんきょりだしゃ】【light bat】
　大きい（飛距離がある）打球はあまり打てず、単打を多く打つ打者のこと。

単打
【たんだ】【single】
　一塁に達し、止まったヒット。
→シングルヒット

タンパベイデビルレイズ
【たんぱべいでびるれいず】
【Tampa Bay Devil Rays】
　米国タンパベイを本拠地にするメジャーリーグの球団。アリーグに所属。1998年エクスパンションで加盟。メジャーで最も新しい球団の一つ。

チーフアンパイア
【ちーふあんぱいあ】
【home-plate umpire】
→主審

チーム
【ちーむ】【club】
9人以上のプレーヤーから成る団体で、公式試合を行うためには、それぞれの連盟に加盟する必要がある。

チームプレイ
【ちーむぷれい】
チームのためになるプレイ。例えば、無死、走者二塁で、右方向へゴロを転がし、走者を三塁に進めるバッティングなど。

チームワーク
【ちーむわーく】【chemistry】
チームの勝利のための選手の協力。

チェストプロテクター
【ちぇすとぷろてくたー】
→ぷろてくたー

遅延行為
【ちえんこうい】
走者がいない時に、捕手以外の野手に送球するなど、故意に試合を遅らせる行為のこと。投手板を踏まずに捕手のサインを見ることも試合を遅らせる原因となるので遅延行為となる。

チェンジ
【ちぇんじ】【change】
スリーアウトになり、攻守が入れ替わること。

チェンジアップ
【ちぇんじあっぷ】【changeup】
速球と緩急をつけるためのボールで変化球のひとつ。速度が遅く打者の手元で落ちるボール。打者のタイミングをはずすボール。
→サークルチェンジ

地下鉄シリーズ
【ちかてつしりーず】
【subway series】
ニューヨークヤンキースとニューヨークメッツの対戦カードのこと。この両チームはリーグが異なるため、インターリーグ(交流戦)の6試合のみ対戦カードが組まれる。どちらのホームグラウンドにも地下鉄で行けることから地下鉄(サブウエイ)シリーズと呼ばれるようになった。ニューヨークの大きなイベントの一つになっている。
→サブウエイシリーズ

地区優勝シリーズ
【ちくゆうしょうしりーず】
【Division Series】
　メジャーリーグのプレーオフのこと。アリーグとナリーグのそれぞれの地区優勝チームとワイルドカードで出場するチームによるプレーオフ。地区優勝シリーズは5回戦で3戦先勝した方がリーグ優勝決定戦に進み、リーグ優勝決定戦は7回戦で4戦先勝した方がワールドシリーズに進める。ワールドシリーズは7回戦で4戦先勝したチームが優勝。
→ワイルドカード
→リーグ優勝決定戦
→ワールドシリーズ

```
          2007年ワールドシリーズ
           優勝 レッドソックス
                  4     0
             4 3      4 0
          3 0  3 1  0 3  3 0
          レ エ ヤ イ フ ロ ダ カ
          ッ ン ン ン ィ ッ イ ブ
          ド ゼ キ デ リ キ ヤ ス
          ソ ル ー ィ ー ー モ
          ッ ス ス ア ズ ズ ン
          ク     ン     ド
          ス     ス     バ
                        ッ
                        ク
                        ス
```

チップ
【ちっぷ】【tip】
　打者がスイングしたバットがボールにかする(少しだけ触れる)こと。第3ストライクでなければチップを捕手が捕球してもアウトにならない。ただし、バットにかすったボールが勢いをなくし、小さく上がった場合、審判がフライ(飛球)と判断すれば、その打球が地面に落ちる前に捕球するとアウトになる。

千葉県大学野球連盟
【ちばけんだいがくやきゅうれんめい】
　千葉県の大学で構成されている連盟。全日本大学野球連盟の傘下で、2008年1月現在、下記の19大学が加盟している。
国際武道大学、中央学院大学
千葉経済大学、城西国際大学
千葉大学、淑徳大学、麗澤大学、
清和大学、千葉商科大学
千葉工業大学、東邦大学
日本大学生産工学部、東京情報大学
敬愛大学、秀明大学、東京理科大学
千葉科学大、日本橋学館大学
帝京平成大学

千葉マリンスタジアム
【ちばまりんすたじあむ】
【Chiba Marine Stadium】
　千葉県千葉市の野球場。千葉ロッテマリーンズが本拠地として使用している。2008年1月現在、命名権の契約先を募集している。人工芝の屋外野球場で、海に近く、風が強い。両翼99.5m、中堅122m。
所在地
千葉県千葉市美浜区美浜1番地

千葉ロッテマリーンズ
【ちばろってまりーんず】
【Chiba Lotte Marines】

日本のプロ野球球団。パリーグに所属し、千葉マリンスタジアムを本拠地にしている。ファーム（二軍）はさいたま市南区にあるロッテ浦和球場を本拠地にしている。1950年、毎日オリオンズとして創立。創設一年目にリーグ優勝、日本シリーズでも優勝し、初代プロ野球日本一となった。チーム名は毎日オリオンズから大毎（毎日大映）オリオンズ、東京オリオンズ、ロッテオリオンズになり、1992年から現在の千葉ロッテマリーンズとなった。2005年から始まったセ・パ交流戦（インターリーグ）で初代チャンピオンとなり、その年、リーグ2位でプレーオフに進出しプレーオフに勝ちパリーグを制し、日本シリーズでも優勝。この年行われた初めてのアジアシリーズでも初代チャンピオンになった。
2007年までの戦績は、リーグ優勝5回、日本シリーズ優勝3回、セ・パ交流戦優勝2回、アジア王座1回。

北谷公園野球場
【ちゃたんこうえんやきゅうじょう】
【Chatan Park Baseball Stadium】
　沖縄県中頭郡北谷町にある球場。両翼98m、中堅122m。中日ドラゴンズがキャンプで使用している。
　所在地
　沖縄県中頭郡北谷町（北谷公園内）

チャンス
【ちゃんす】
　① 好機。
　② 無死で走者が出た時などで、得点が入る可能性が高い状況のこと。

チャンスメーカー
【ちゃんすめーかー】
　四球やヒットで塁に出て、得点のきっかけをつくる選手のこと。

中継プレイ
【ちゅうけいぷれい】【relay】
　外野に打球が飛んだときなど、外野手が直接目的の塁に送球するのではなく、中継に入る野手に送球してボールをつなぐプレイのこと。

中堅手
【ちゅうけんしゅ】
【center/center fielder】
　外野手の一人で、外野の真ん中に位置して守備する選手。
→センター
→センターフィールド
→CF

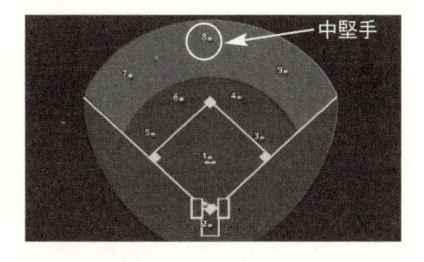

中国地区大学野球連盟
【ちゅうごくちくだいがくやきゅうれんめい】
　中国地方の大学で構成されている連

盟。全日本大学野球連盟の傘下で、2008年1月現在、下記の19大学が加盟している。
徳山大学、東亜大学、吉備国際大学
山口大学、鳥取大学、福山大学
川崎医療福祉大学、岡山商科大学
倉敷芸術科学大学、広島国際大学
岡山大学、岡山理科大学
岡山県立大学、島根大学
呉大学、比治山大学、島根県立大学
尾道大学、広島国際大学呉キャンパス

中軸打者
【ちゅうじくだしゃ】【banger】
三番、四番、五番を打つチームの中心になる打者。

中日ドラゴンズ
【ちゅうにちどらごんず】
【Chunichi Dragons】
日本のプロ野球球団。セリーグに所属し、ナゴヤドームを本拠地にしている。ファーム(二軍)はナゴヤ球場を本拠地にしている。1936年名古屋軍として創立。その後、チーム名が名古屋軍、産業軍、中部日本軍、中部日本ドラゴンズ、中日ドラゴンズ、名古屋ドラゴンズになり、1954年から現在の中日ドラゴンズに戻った。東海地方で唯一つの球団であり、地元に密着している。1974年には、読売ジャイアンツの10連覇を阻止した。2006年までにリーグ優勝7回、2007年はリーグ2位の成績だったが、クライマックスシリーズで勝ち上がり、日本シリーズにも勝って日本一になった。その結果、2007年の成績はセリーグ2位で、日本一というねじれ現象が起きた。日本シリーズ優勝2回。

中部日本都市対抗軟式野球大会
【ちゅうぶにっぽんとしたいこうなんしきやきゅうたいかい】
軟式野球連盟クラスAの、都市代表チームによる大会。昭和31年に第1回大会が開催された。岐阜、三重、静岡、長野、新潟、富山、石川、福井、滋賀の代表チームが参加できる。開催地は愛知県。

直球
【ちゅっきゅう】
投手が投じた、真っすぐのボール。変化しないで真っすぐ伸びてくる。
→ストレート
→フォーシーム
→速球

長距離打者
【ちょうきょりだしゃ】
【long ball hitter】
飛距離のある大きい当たりを打てる打者。長打を打てる打者。
→ロングヒッター
→大砲

長打
【ちょうだ】【long hit】

二塁打、三塁打、本塁打のこと。新聞や雑誌では「右二」「中二」「左二」「右三」「中三」「左三」「右本」「中本」「左本」のように略字で掲載されることが多い。「右二」はライトへの二塁打で、「中本」はセンターへのホームラン。
→ロングヒット

長打率
【ちょうだりつ】
【slugging average (SLG)】
　塁打÷打数　で計算し、割、分、厘で表示する。

(年俸)調停
【ちょうてい】【arbitration】
　選手の年俸契約がまとまらない時、選手と球団が、次年度の年俸を所属連盟に調停申請できる制度。

調停委員会
【ちょうていいいんかい】
　所属連盟は調停申請を受理したら委員会を構成しなければならない。この委員会のことを調停委員会という。

貯金
【ちょきん】
　勝ち越していること。
　（例）貯金が三つある（5勝2敗の時など）。

珍プレイ
【ちんぷれい】
　普通では考えられないエラーなど笑えるプレイ。

投球のメカニクス

　投手の投球モーションは、ワインドアップ期、アーリーコッキング期、レイトコッキング期、アクセラレーション期、フォロースルー期に分けられる。

ワインドアップ期は、投球動作に入ってから両手が離れるまで。

アーリーコッキング期は、両手が離れてから前足が着地するまで。

レイトコッキング期は、前足の着地から投球する方の腕の肩関節が最大に外旋するまで。

アクセラレーション期は、腕の内旋からリリースまで。

フォロースルー期は、リリースから投げ終わりまで。

ツーアウト
【つーあうと】【two-out】
　イニングで二つめのアウト。もう一つのアウトでスリーアウトでチェンジになる。
→ツーダウン

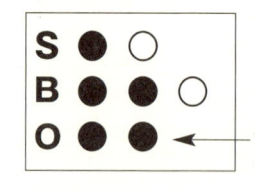

```
S ● ○
B ● ● ○
O ● ● ← アウトカウント
          （2アウト）
```

通算記録
【つうさんきろく】
【career record】
　一人の選手の、入団時からの合計（通算）記録。

ツーシーム
【つーしーむ】【two-seam fastball】
　縫い目に沿ってボールを握り、ストレートと同じような投げ方で投げるボールのこと。ボールが1回転するごとに、二つの縫い目が空気抵抗に合うので微妙に変化する。

ツースリー
【つーすりー】【three-two count】
　3ボール、2ストライクのこと。日本ではストライクから先に言う習慣があるのでツースリーという（近年は野球が国際的になり、日本でも審判はボールから先にカウントをコールすることになっている）。
→フルカウント

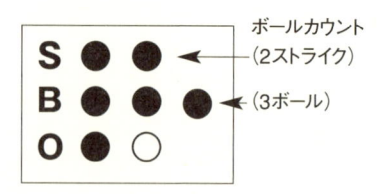

```
S ● ● ← ボールカウント
          （2ストライク）
B ● ● ● ← （3ボール）
O ● ○
```

ツースリーピッチャー
【つーすりーぴっちゃー】
【near beer pitcher】
　コントロールが悪く、いつも2ストライク3ボールになる投手のこと。

痛打
【つうだ】【hit】
　ヒットを打たれること。

ツーダウン
【つーだうん】【two down】
→ツーアウト

ツープラトン
【つーぷらとん】
【platoon】
　相手投手によって、右投手なら左打者を並べ、左投手なら右打者を並べて、二通りの打線を組むこと。

ツーベースヒット
【つーべーすひっと】
【double】
→二塁打

ツーランスクイズ
【つーらんすくいず】
　三塁と二塁にいる二人の走者を生還させるためのバント作戦。

ツーランホーマー
【つーらんほーまー】
【two-run home run】
　一人の走者が塁上にいる時のホームラン。得点が2点入るのでツーランホーマーという。

痛烈なゴロ
【つうれつなごろ】
【hot grounder】
　球足の速いバウンドした打球。
　(例)投手の足元を抜き、センターに達した痛烈なゴロ。

突っ込む
【つっこむ】
　バッティングや投球時、体が前方に移動し過ぎること。

詰まった
【つまった】
【handle hit(詰まったあたり)】
　バットの中心より、グリップに近いところで打った打球。

釣り球
【つりだま】【bait pitch】
　打者が振ってくるのを期待して、わざと投げるボール球。

鶴岡市小真木原野球場
【つるおかしこまぎはらやきゅうじょう】
【Tsuruoka Dream Stadium】
　山形県鶴岡市にある球場。両翼97.6m、中堅122m。内外野とも天然芝球場。日本での内外野天然芝球場は、神戸総合運動公園野球場と宮崎県総合運動公園硬式野球場とここの3球場だけ。
所在地
山形県鶴岡市小真木原町2-1(小真木原公園内)
→鶴岡ドリームスタジアム

鶴岡ドリームスタジアム
【つるおかどりーむすたじあむ】
→鶴岡市小真木原野球場

ティー
【てぃー】【tee】
バッティング練習用の用具。ボールを載せるための用具。

DH
【でぃーえいち】
→指名打者

DL
【ディーエル】【Disabled List】
→故障者リスト

定位置
【ていいち】【straightaway】
守備でいつも守っているところ（場所）。

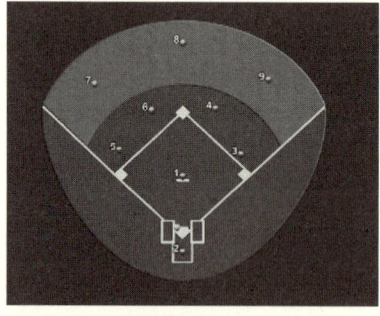

ティーバッティング
【てぃーばってぃんぐ】
【tee batting】
ティー台にボールを載せ、そのボールを打つ練習のこと。

ていく
【テイク】【take】
アメリカでウエーティングのこと。

テイクスリー
【ていくすりー】
三つの安全進塁権。野手が打球を帽子やマスクで捕球したり、グラブを投げつけて打球を止めた場合などに三つの進塁権が与えられる（打者は三塁まで安全に進める）。

テイクツー
【ていくつー】
二つの安全進塁権。野手が送球を帽子やマスクで捕球したり、グラブを投げつけて送球を止めた場合や、打球がバウンドしてスタンドに入った場合（エンタイトルツーベース）などに二つの進塁権が与えられる（打者は二塁まで安全に進める）。

テイクワン
【ていくわん】
一つの安全進塁権。打者が四球を選んだ時や打撃を妨害された時などに、打者に一塁への安全進塁権が与えられる。また、投手がボークを犯した時などは走者に一つの安全進塁権が与えられる。

提訴試合
【ていそじあい】
【protested game】
　プロ野球では、審判の判定がルール上の間違いであると監督がアピールし、その場では収拾がつかない時、監督は提訴試合(プロテスティングゲーム)の請求ができる。審判団が認めれば提訴試合として試合を続行し、後日審議し、明らかにルール上の間違いでありアピールした方に不利があると認められれば再試合となる(アウト、セーフやストライク、ボールの判定に対してはアピールできない)。

低反発(ボール)
【ていはんぱつ(ぼーる)】
　反発力を少なくして、従来のボールより飛ばなくしたボール。野球道具の進化により、ホームランが出過ぎるのを防ぐため、低反発ボールが開発され、プロもアマも使用している。

ディビジョンシリーズ
【でぃびじょんしりーず】
【Division Series】
　アリーグとナリーグのポストシーズンの一つ。両リーグとも、地区優勝チーム(3チーム)と各地区2位チームで勝率が一番高いチーム(ワイルドカード)で地区シリーズ(ディビジョンシリーズ)を行う。5回戦3戦先勝でリーグ優勝決定戦に進める。

ディフェンス
【でぃふぇんす】【Defense】
　守備側のチームまたは守備のこと。

ディレードスチール
【でぃれーどすちーる】
【delayed steal】
　投手の投球と同時にスタートを切らず、バッテリーのすきをついてスタートを切るスチール(盗塁)。

ディレードダブルスチール
【でぃれーどだぶるすちーる】
【delayed double steal】
　二人の走者が、投手の投球と同時にスタートを切らず、バッテリーのすきをついてスタートを切るスチール(盗塁)。走者一、三塁の時によく使われる作戦で、投球と同時に一塁走者がスタートを切り、捕手の二塁送球の間に三塁走者がスタートを切るプレイなど。

テークバック
【てーくばっく】【rock back】
　投球やバッティングの時に、トップに持っていくまでの初期の動作。
　① 投球ではバランスポジションの姿勢(軸足一本でバランス良く真っすぐ立った姿勢)からトップまでの動きのこと。
　② 打撃では構えからトップまでの動きのこと(投球に合わせ軸足に重心を移動し体全体のためをつくる)。
　③ 投げる時や打つ時に、逆方向に力をためる動きのこと。

デーゲーム
【でーげーむ】
【day game/ matinee】
昼間に行われる試合のこと。

テーピング
【てーぴんぐ】【taping】
筋肉の動きの負担を減らすため、腕や足にテープを巻くこと。故障予防が目的。

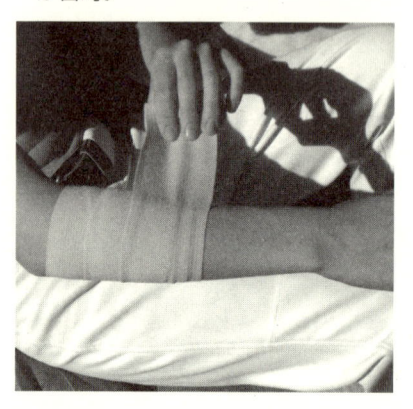

テキサス(リーガーズ)ヒット
【てきさす(りーがーず)ひっと】
【Texas hit】
① 当たりそこねのヒット。
② 外野の間にポトリと落ちた幸運なヒット。
③ 詰まった打球のヒット。
→ポテンヒット

テキサスレンジャーズ
【てきさすれんじゃーず】
【Texas Rangers】
米国テキサスを本拠地にするメジャーリーグの球団。アリーグに所属。1961年に誕生。1972年にテキサスに本拠地を移転、レンジャーズに改名。

適時打
【てきじだ】【clutch hit/RBI hit】
→タイムリーヒット

敵失
【てきしつ】
相手のエラー。

出来高制
【できだかせい】【incentive clause】
プロ野球の選手が、投球回数や成績などで報酬を上乗せする制度。

デッドヒート
【でっどひーと】【dead heat】
一点を競う、白熱した試合のこと。

	1	2	3	4	5	6	7	8	9	計
Aチーム	0	0	2	0	1	0	1			4
Bチーム	0	0	0	1	0	2				3

デッドボール
【でっどぼーる】【hit by a pitch】
投球が打者の体に当たること。投球が、体に当たるか触れたらデッドボールとなり打者は安全に一塁へ進める。押し出された走者も安全に次の塁へ進める。スイングが空振りになってボールが体に当たった場合はストライクでデッドボールではない。ストライクゾーンに来たボールに当たってもデッドボールではなくストライクになる。また、体に当たっても避けなかったり、自ら当たりにいったと審判が判定すればデッドボールにはならない。デッドボールはボールデッドになるので、打者は安全に一塁へ、押し出された走者は次の塁へ進めるが、更に次の塁へ進むこ

とはできない。押し出されない走者はそのまま。アメリカで使われているdead ballは試合が中断したため、試合から外されたボールのこと。
→死球

鉄壁
【てっぺき】【airtight】
守備が上手く、間を抜いてヒットを打つことが難しいことを、鉄の壁にたとえて鉄壁という。
（例）鉄壁の内野陣。

鉄砲肩
【てっぽうかた】
【gun/ rifle arm/ shotgun】
肩が強く、低くて速いボールを遠くへ投げられることを、鉄砲から出た玉に例えて鉄砲肩という。

鉄腕
【てつわん】【iron arm】
速いボールを数多く投げられ連投も利く投手のことを、鉄の腕に例えて鉄腕という。
（例）稲尾（元西鉄ライオンズの投手）のような鉄腕投手は、もう出てこないだろう。

デトロイトタイガース
【でとろいとたいがーす】
【Detroit Tigers】
米国デトロイトを本拠地にするメジャーリーグの球団。アリーグに所属。1901年アリーグ創設と同時に加盟。1935、1945、1968、1984年にワールドシリーズを制覇した。

点
【てん】
→得点

転送
【てんそう】
ボールを受け、次の野手に送球すること。

セカンドからの送球を捕って、一塁転送

天然芝球場
【てんねんしばきゅうじょう】
【on grass】

123

自然の植物の芝が張られている野球場（甲子園球場他）。

→ 天然芝

天王山
【てんのうざん】【clutch series】
優勝争いをしているチームがペナントレースの後半に直接対決するカードで、優勝の行方を大きく左右する試合。

天皇賜杯全日本軟式野球大会
【てんのうしはいぜんにっぽんなんしきやきゅうたいかい】
全日本軟式野球連盟クラスAの大会で、軟式野球でもっともレベルの高い大会となっている。昭和21年に第1回大会が開催され、昭和23年第3回大会から天皇杯が下賜された。参加チームは、ほとんど企業チームで、各都道府県の予選大会で優勝したチームが出場できる。

（日南市）天福球場
【てんぷくきゅうじょう】
【Nichinan Tempuku Baseball Stadium】
宮崎県日南市にある球場。両翼99m、中堅122m。広島東洋カープがキャンプで使用している。
所在地
宮崎県日南市天福2-10

打撃＆走塁に関する略語

略字	用語
AB	打数
Avg.	打率
BA	打率
RBI	打点
HR	本塁打
R	得点
H	安打
TB	塁打
1B	単打
2B	二塁打
3B	三塁打
BB	四球
HBP	死球
IBB	敬遠
SO	三振
SH	犠牲バント
SF	犠牲フライ
GB	ゴロ
GDP	併殺（ゴロ）
OBP	出塁率
SLG	長打率
G	出場試合
GS	先発出場試合
LH	左打者
RH	右打者
SB	盗塁
CS	盗塁死
SBA	盗塁の試み
DH	指名打者
PH	代打
PR	代走

ドアスイング
【どあすいんぐ】
インパクトまでバットが遠回りするスイング。

右脇が空きドアスイングになっている

東海地区大学野球連盟
【とうかいちくだいがくやきゅうれんめい】
2008年1月現在、東海地区の下記の19大学・高専が加盟している
三重中京大学、浜松大学、三重大学
岐阜経済大学、東海大学海洋学部
岐阜大学、富士常葉大学
静岡理工科大学、中部学院大学
鈴鹿国際大学、朝日大学、静岡大学
中京学院大学、四日市大学
近畿大学工業高等専門学校
岐阜聖徳学園大学、皇學館大学
静岡産業大学
日本大学国際関係学部

投球
【とうきゅう】
投手が打者に投げること。

投球回数
【とうきゅうかいすう】
投球した回（イニング）数の合計。

投球術
【とうきゅうじゅつ】【fanning bee(三振を取る投球術)】
打者に打たれないために、投球を工夫する技術。

投球動作
【とうきゅうどうさ】
投球をしようとする動き。投球動作を行ったら途中でやめたり変えたりしてはいけない。一連の動きで投球を完了させる。

投球モーション
【とうきゅうもーしょん】
【delivery】
投球動作。

東京新大学野球連盟
【とうきょうしんだいがくやきゅうれんめい】
2008年1月現在、東京を中心にした下記の23の大学が加盟している。
流通経済大学、創価大学、
日本工業大学、杏林大学
東京理科大学、東京農工大学
首都大学東京、東京外国語大学

東京学芸大学、工学院大学
日本大学生物資源科学部
東京国際大学、東京電機大学
駿河台大学、電気通信大学
国際基督教大学、帝京科学大学
東京工科大学、共栄大学
東京海洋大学、文京学院大学
淑徳大学国際コミュニケーション学部、高千穂大学

東京ドーム
【とうきょうドーム】
【Tokyo Dome/ Big egg】
　東京都文京区に建設された、日本初のドーム球場。1988年に完成。読売ジャイアンツの本拠地。天然芝に近い素材を使った人工芝のグラウンド。両翼100m、中堅122m。プロ野球の他、社会人の全国大会（都市対抗野球大会）などでも使用されている。
　所在地
　東京都文京区後楽一丁目3番61号

東京ヤクルトスワローズ
【とうきょうヤクルトスワローズ】
【Tokyo Yakult Swallows】
　日本のプロ野球球団。セリーグに所属し、明治神宮野球場を本拠地にしている。ファーム（二軍）は埼玉県戸田市のヤクルト戸田球場を本拠地にしている。1950年国鉄スワローズとして創立。その後、球団経営が替わり、チーム名もサンケイスワローズ、サンケイアトムズ、アトムズに改称された。1970年ヤクルトアトムズ、1974年ヤクルトスワローズになり、2006年から現在の東京ヤクルトスワローズになった。低迷した時代が続いたが、1978年、球団創設初のリーグ優勝、日本一を達成。1992、1993年はリーグ2連覇、1993年は日本シリーズでも優勝した。1995、1997年にも日本一になりセリーグのお荷物球団から人気球団となった。2007年までにリーグ優勝6回、日本シリーズ優勝5回。

東京六大学野球連盟
【とうきょうろくだいがくやきゅうれんめい】
　大学野球で最も歴史を持つ連盟。早慶戦は伝統の一戦として多くの野球ファンを魅了してきた。2007年度は早稲田大学に、高校野球選手権大会（夏の甲子園大会）優勝投手の斎藤が入部し、大きな注目を集めた。全日本大学野球連盟の傘下で、下記の六大学が加盟している。
　早稲田大学、慶應義塾大学
　明治大学、法政大学
　立教大学、東京大学

投手
【とうしゅ】【pitcher】
　マウンドから投手板を踏んで、打者に対して投球する選手。
→ピッチャー

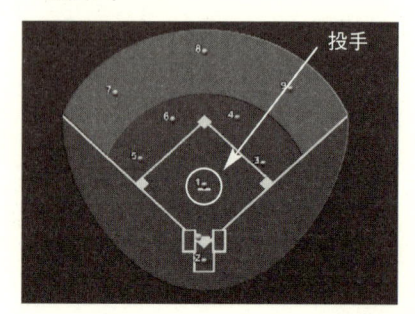

投手コーチ
【とうしゅこーち】
【pitching coach】
　チームの投手を指導するコーチ。

投手戦
【とうしゅせん】
【pitching duel】
　両チーム最少得点の試合。両チームとも投手が打者を押さえ込んでいる試合。
　（例）両チームとも好投手を擁し、息詰まる投手戦を展開している。

	1	2	3	4	5	6	7	8	9	計
Aチーム	0	0	0	0	0	0	0	0	0	0
Bチーム	0	0	0	0	0	0	0	0	0	0

投手天国
【とうしゅてんごく】
【pitcher's paradise】
　好投手が揃ったチーム。

投手板
【とうしゅばん】
【pitcher's plate】
　本塁から60フィート6インチ（18m44cm）の位置にあり、横24インチ（61cm）縦6インチ（15.2cm）の長方形の白いゴムで作られている。投手は、この投手板を踏んで投球しなければならない。

東都大学野球連盟
【とうとだいがくやきゅうれんめい】
　東京とその近郊にある大学で構成されている連盟。全日本大学野球連盟の傘下で、2008年1月現在、下記の21大学が加盟している。人気の東京六大学に対して「実力の東都」といわれている。
　亜細亜大学、立正大学、東洋大学
　東京農業大学、学習院大学
　成蹊大学、拓殖大学、大正大学
　一橋大学、順天堂大学
　東京工業大学、日本大学
　国士舘大学、芝浦工業大学
　上智大学、武蔵工業大学
　駒澤大学、専修大学、青山学院大学
　中央大学、國學院大学

登板
【とうばん】【go】
　投手が試合に出場して投げること。

投法
【とうほう】
　投手のボールの投げ方。オーバースロー、スリークオーター、サイドスロー、アンダースローの四種類に分けられる。野茂英雄のトルネード（竜巻き）投法や村山実のザトペック投法など独特のネーミングがついた投法もある。

東北ベースボールアカデミーリーグ
【とうほくべーすぼーるあかでみーりーぐ】
　東北各県を対象とした独立リーグを目指していたが、採算のめどが立たず計画を白紙に戻し、再検討の段階。構想は、サッカーのJリーグ方式で、上位リーグの成績下位と下位リーグの成績上位球団との入れ替え戦を計画していた。

東北楽天ゴールデンイーグルス
【とうほくらくてんごーるでんいーぐるす】
【Tohoku Rakuten Golden Eagles】
　日本のプロ野球球団。パリーグに所属し、県営宮城球場（日本製紙クリネックススタジアム宮城）を本拠地にしている。ファーム（二軍）の本拠地は山形県東村山郡中山町。2004年、東北楽天ゴールデンイーグルスとして創立。日本プロフェッショナル野球組織に加盟申請して、プロ野球オーナー会議で承認された。選手はオリックスと近鉄の合併で新球団と契約を結ばなかった選手を中心に、補強とドラフトで獲得した選手で構成されたが、他チームとの力の差は歴然で2年連続最下位となった。2005～2007年までの戦績は6位、6位、4位。

盗塁
【とうるい】【stolen bases /steal】
　投球時または投球後に、次の塁を狙って走りセーフになること。
→スチール
→ストールンベース

盗塁死
【とうるいし】
【caught stealing (CS)】
　盗塁してアウトになること。

盗塁成功率
【とうるいせいこうりつ】
　盗塁を試みて成功した割合。盗塁成功÷(盗塁成功+盗塁死)×100で計算する。

盗塁阻止率
【とうるいそしりつ】【percentage】
　盗塁をアウトにした数÷盗塁を試みられた数。割、分、厘で表す。

登録選手名簿
【とうろくせんしゅめいぼ】
【roster】
　それぞれの連盟が主催する大会に登録されている選手の名簿。試合には登録されている選手以外は出場できない。
→登録メンバー

登録メンバー
【とうろくめんばー】
→登録選手名簿

ドーム球場
【どーむきゅうじょう】【dome】
　屋根つき球場。雨でも試合ができる。日本の野球場は、東京ドーム、福岡ドーム、大阪ドーム、ナゴヤドーム、西武ドーム、札幌ドームがある。

トータルベース
【とーたるべーす】【total bases】
→塁打(数)

徳島インディゴソックス
【とくしまいんでぃごそっくす】
【TOKUSHIMA INDIGO SOCKS】
　徳島に本拠地を置く四国・九州アイランドリーグの球団の一つ。徳島県の特産品でもある日本古来の藍染をイメージしたロゴとユニフォームを使用している。

ドクターK
【どくたーけい】
　三振を多く取る投手のこと。スコアブックにKが並ぶことから、ドクターKと呼ばれる。

特待生制度
【とくたいせいせいど】
　高校や大学で学業やスポーツに優れた生徒に、入学金、授業料などを免除する制度。学生野球は、野球をすることを条件に経済的な援助を受けることを学生野球憲章で禁じている(2007年4月、高校野球連盟の調査で、全国の私立高校の376高、約8,000人が憲章に違反していると申告した)。2008年1月現在、1学年5名までは特待生を認める方向で検討している。

得点
【とくてん】【runs scored】
　点数を入れること。
→点

得点圏
【とくてんけん】
→スコアリングポジション

得点圏打率
【とくてんけんだりつ】
　走者が二塁または三塁か両方にいる時の打率。得点圏に走者がいる時の、安打数÷打数で計算する。

得点力
【とくてんりょく】
【get the bats going】
　試合で点数を取れるチーム力。
　(例)打撃がよく、足も使える得点力の高いチーム。

独立リーグ
【どくりつりーぐ】
【independent league】
　米国大リーグ機構や日本のプロ野球とは関係なく、独自で運営している野球組織。米国には地元に根付いた多くの組織がある。日本にも2004年、四国アイランドリーグ、2006年に北信越ベースボールチャレンジリーグという独立リーグが誕生した。その他、プロ野球マスターズリーグがある。

都市対抗野球大会
【としたいこうやきゅうたいかい】
【The Intercity Baseball Tournament】
　夏に開催される社会人野球（硬式）の全国大会。各地区の予選を勝ち抜いたチームが出場できる。また、独自の補強制度があり、予選で敗れたチームから優秀な選手を補強できる。企業ぐるみの郷土色豊かな応援合戦もあり、高校野球の甲子園大会、プロの日本シリーズと並んで、野球の大きなイベントの一つになっている。

ドジャーブルー
【どじゃーぶるー】【Dodger blue】
　メジャーリーグ、ロサンゼルスドジャースのユニフォームの色（青）。

トス
【とす】【toss】
① ボールを下から相手に手渡すように投げること。
② ジャンケン。
③ 近い距離から軽く投げたボールを軽く打ち返す練習（トスバッティング）。

トスバッティング
【とすばってぃんぐ】【pepper game】
　近い距離から軽く投げたボールを軽く打ち返す練習。
→ペッパー

トスマシーン
【とすましーん】
　自動でトスを上げる機械。

土壇場
【どたんば】【clutch/ pinch】
　最終回の二死など、後がない状況のこと。
（例）負けたと思った試合を土壇場で逆転して勝った。

途中交代
【とちゅうこうたい】【can】
　試合の途中でベンチに下がる（試合を退く）こと。

途中出場
【とちゅうしゅつじょう】
【enter a game】
　試合の途中から出場すること。

トップ
【とっぷ】
　打撃、投球、送球で重心が軸足に乗り、いちばん力がたまっている状態のこと(テイクバックの終わり)。

トップスピン
【とっぷすぴん】【top spin】
　ボールの縦回転。直球を投げるとボールに縦の逆回転がかかるが、この回転とは逆の縦回転のことをトップスピンという。

トップバッター
【とっぷばったー】
【leadoff (man)/ leadoff hitter】
　① 一番打者。
　② 各イニングの先頭打者。
→リードオフマン

トップバランス
【とっぷばらんす】
　バットのバランスがトップ(先)の方にある。

トップハンド
【とっぷはんど】
　バットを両手で持った時の上(ヘッド側)の方の手のこと。

ど真ん中
【どまんなか】【groover】
　高低も左右も真ん中の投球。

富山市民球場アルペンスタジアム
【とやましみんきゅうじょうあるぺんすたじあむ】
【Toyama Municipal Baseball Stadium/ALPEN STADIUM】
　富山市にある球場。両翼99.1m、中堅122m。人工芝球場。1996年にオールスターゲームが開催された。2007年から北信越ベースボールチャレンジリーグの富山サンダーバーズが使用しているが、本拠地ではない。また、社会人野球や高校野球の地方大会などにも使用されている。
所在地
　富山県富山市下飯野30-1

トライアウトキャンプ
【とらいあうときゃんぷ】
【tryout camp】
　これからメジャーを目指そうとする選手が集まりプレイするキャンプ。通常は、メジャーリーグの複数球団が立ち会う。選手のプレイを直に見られるので、有望選手発掘の場となっている。

ドラッグバント
【どらっぐばんと】【drag bunt】
→セーフティーバント

ドラフト（制度）
【どらふと（せいど）】【draft】
新人の入団交渉権を会議（くじ）で決める制度。プロ野球が契約金の高騰防止と実力の均等化を目的に1965年に導入した。
→新人選手選択制度

とらんすふぁー
【トランスファー】【transfer】
① 学校やチームを移れる制度。アメリカの学生野球では、良い指導者や良い環境を求めて学校やチームを変えることができる制度がある。
② 本拠地を別の都市に移すこと。

トリックプレイ
【とりっくぷれい】【trick play】
→ピックオフプレイ

トリプル
【とりぷる】【triple】
①三塁打のこと
→スリーベースヒット
② トリプルプレイ（三重殺）を成立させる。
→トリプルプレイ

トリプルA
【とりぷるA】【triple A/ Class AAA】
マイナーリーグのクラスの一つ。スリーA。マイナーリーグで一番上のクラス。

トリプルクラウン
【とりぷるくらうん】【triple crown】
打率、打点、ホームランの三部門で1位。
→三冠王

トリプルプレイ
【とりぷるぷれい】【triple play】
一つのイニングで、一挙に三つのアウトが成立すること（無死、走者一、二塁で三塁ゴロ、三塁手がベースを踏んで1アウト、セカンドに送球して2アウト、ファーストに転送して3アウトの場合など）。
→トリプル
→三重殺

トルネード
【とるねーど】【tornado】
ワインドアップモーションから大きくセンター方向を向き、打者に背中を見せてから投球する投げ方をトルネード（竜巻）という。1990年、近鉄に入団した野茂が、このフォームで活躍し、この投げ方がトルネードと呼ばれるようになった。

トレード
【とれーど】【trade】
選手同士、選手と金銭、選手と選手プラス金銭など選手同士や選手と金銭を交換すること。3球団で選手を交換するトレードもあり、三角トレードという。

トレードマネー
【とれーどまねー】【trade money】
　トレードで選手を獲得する時の金銭。

トレーナー
【とれーなー】【trainer】
　選手の体や体調を管理し、指導する人。

トレーニンググラブ
【とれーにんぐぐらぶ】
　野球技術を磨くために、練習で使うグラブ。グラブの芯でボールを捕球するよう小さくできている。

ドロー
【どろー】【draw】
　引き分けのこと。

ドロップ
【どろっぷ】【drop】
　縦に落ちる変化球。1970年代まではこのボールを投げる投手もいたが、ヒジを中心に、手のひらを上向きにして投げるため、ヒジに負担がかかりヒジや肩を壊しやすいので、今では投げる投手がいなくなった。

泥ボール
【どろぼーる】【mud ball】
　泥や砂を付けたボール。泥や砂をボールに付けて投球することは禁じられている。

トロントブルージェイズ
【とろんとぶるーじぇいず】
【Toronto Blue Jays】
　カナダのトロントを本拠地にするメジャーリーグの球団。アリーグに所属。1977年に誕生。1992、1993年にワールドシリーズを連覇。

鈍足
【どんそく】
【base clogger（鈍足の走者）】
　足が遅いこと。

トンネル
【とんねる】
　股の間をボールが抜けていくこと。

内安打
【ないあんだ】【infield hit】
　投手、捕手、内野手のいずれかが処理したヒットのこと。打球を投手、捕手、内野手がミスなく処理したが、打者と走者が一つ以上の塁に進んだら内安打になる。間に合わない塁に投げるフィルダースチョイスは内安打ではない。

内角
【ないかく】【inside】
→インコース
→インサイド

内角低め
【ないかくひくめ】【low and inside】
→インロー

内旋
【ないせん】
　腕が体の内側に向かって回る動き。

ナイター
【ないたー】【night game】
　夜間に行われる（照明がついた）野球の試合のこと。昼間に行われる試合はデーゲームという。
→ナイトゲーム

ナイトゲーム
【ないとげーむ】【night game】
→ナイター

内野
【ないや】【infield】
　本塁、一塁、二塁、三塁を結んでできる正方形の内側のことをいう。通常、内野手は内野の外側で守るが、内野手が処理したボールは外野区域で処理しても、内野ゴロ、内野フライという。
→インフィールド

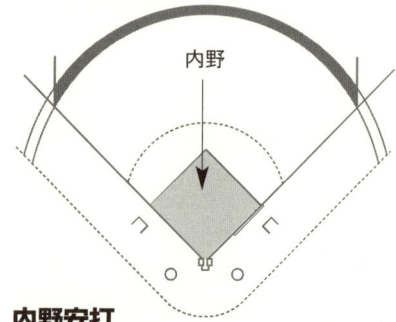

内野安打
【ないやあんだ】【infield hit】
　内野手が処理したヒット

内野ゴロ
【ないやごろ】【infield roller】
　内野にバウンドした普通にアウトにできる打球のこと。

内野手
【ないやしゅ】【infielder】
　内野を守る選手。一塁手、二塁手、遊撃手、三塁手を内野手という。

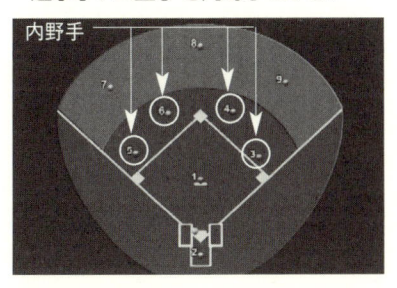

ナイン
【ないん】【nine】
　野球の試合は9人で行うのでチームの仲間のことをナインと呼ぶようになった。試合に出ている9人ではなくチームの選手全員をナインと呼ぶ。

流し打ち
【ながしうち】
【opposite-field hitting】
　右バッターは右に、左バッターは左に打つこと。

中地区
【なかちく】
　メジャーは東、中、西に分けて地区優勝を競っている。その地区の一つ。アリーグとナリーグの中地区がある。

中継ぎ
【なかつぎ】【reliever】
　先発と抑えの間に登板する投手のこと。

中継ぎ投手陣
【なかつぎとうしゅじん】
【middle-relief corps】
　先発投手を救援して投げるメンバー。

投げ勝つ
【なげかつ】
【outpitch/outduel】
　好投手同士の投げ合いの時によく使われる表現で、お互いに少ない得点での投手戦に勝つこと。
（例）相手投手に投げ勝った。

投げ損ね
【なげそこね】
　思いどおりに投げられず、棒球（ぼうだま）または暴投になること。

名護市営球場
【なごしえいきゅうじょう】【Nago Municipal Baseball Stadium】
　沖縄県名護市にある野球場。両翼97m、中堅118m。北海道日本ハムファイターズが春の一次キャンプで使用している。
所在地
沖縄県名護市宮里2-1-1（21世紀の森公園内）

ナゴヤドーム
【なごやどーむ】【Nagoya Dome】
　名古屋市に建設されたドーム球場。中日ドラゴンズの本拠地。両翼100m、中堅122m。人工芝球場。

屋根の中央部は、自然光を取り入れられるようになっている。
所在地
愛知県名古屋市東区大幸南一丁目1番1号

ナ（ショナル）リーグ
【な（しょなる）りーぐ】
【National League】
　米国メジャーリーグの一つ。ナショナルリーグのほかアメリカンリーグがある。1976年に設立。サンフランシスコジャイアンツやロサンゼルスドジャースなど16チームが所属している。東地区5（アトランタブレーブス、フロリダマーリンズ、ニューヨークメッツ、フィラデルフィアフィリーズ、ワシントンナショナルズ）、中地区6（シカゴカブス、シンシナティレッズ、ヒューストンアストロズ、ミルウォーキーブルワーズ、ピッツバーグパイレーツ、セントルイスカージナルス）、西地区5（アリゾナダイヤモンドバックス、コロラドロッキーズ、ロサンゼルスドジャース、サンディエゴパドレス、サンフランシスコジャイアンツ）の16チームからなり、指名打者制度はない。

ナチュラル
【なちゅらる】
　投球がしぜんに曲がること。（例）ナチュラルカーブ。

ナックルボール
【なっくるぼーる】【knuckle ball】
　人差し指、中指、薬指を曲げ、3本の指の第2関節からツメまでと親指と小指の平でボールを握り、3本の指で押し出すように投げる。または、3本の指の爪をボールの表面に立て、はじくよう投げる。どちらの投法でも、回転がかからず、不規則に落ちるので打ちにくいボールになる。

南郷町中央公園野球場
【なんごうちょうちゅうおうこうえんやきゅうじょう】【Nango Stadium】
　宮崎県南那珂郡南郷町にある野球場。愛称南郷スタジアム。両翼100m、中堅122m。西武ライオンズがキャンプで使用している。
所在地
宮崎県南那珂郡南郷町西町1-1（南郷町中央公園内）

軟式ボール
【なんしきぼーる】
　ゴムでできた柔らかいボールで中は空洞。C球（少年野球用）、B球（中学野球用）、A球（高校以上）がある。

軟式野球
【なんしきやきゅう】
　軟式ボールを使用する野球。

ニアーバランス
【にあーばらんす】
グリップに近い方に芯（重心）がある。

ニグロリーグ
【にぐろりーぐ】
【Negro leagues】
メジャーリーグに黒人が参加できなかった時代に、黒人だけで行われたプロ野球の組織のこと。メジャーリーグに黒人が参加できるようになってからは自然に消滅した。

西地区
【にしちく】
メジャーは東、中、西の地区に分けて地区優勝を競っている。その地区の一つ。アリーグとナリーグそれぞれに西地区がある。

西日本軟式野球大会一部
【にしにっぽんなんしきやきゅうたいかいいちぶ】
軟式野球連盟クラスBの大会で、昭和54年に第1回大会が開催された。近畿以西23府県の予選大会で優勝したチームが出場できる。本大会で優勝または準優勝すると、次年度はAクラスに昇格できる。

西日本軟式野球大会二部
【にしにっぽんなんしきやきゅうたいかいにぶ】
軟式野球連盟クラスCの大会で、昭和五十四年に第1回大会が開催された。近畿以西23府県の予選大会で優勝したのち、ブロック大会の代表となったチームが出場できる。優勝または準優勝のチームは、次年度よりBクラスに昇格できる。開催地は23府県の持ち回りとなっているが、最近では国体リハーサル大会として開催されることが多い。

西日本軟式野球選手権大会
【にしにっぽんなんしきやきゅうせんしゅけんたいかい】
軟式野球連盟クラスAの強豪が出場する西日本の選手権大会。平成9年に第1回大会が開催された。近畿以西23府県の予選大会で優勝したチームが出場できる。開催地は近畿以西23府県の持ち回りとなっている。

二者連続ホームラン
【にしゃれんぞくほーむらん】
【back to back homers】
二人の打者が連続してホームランを打つこと。

二十一世紀枠
【にじゅういっせいきわく】
センバツ（甲子園大会）の選考で、各地区の推薦高校の中から2校を選び、甲子園大会の出場権を与える枠。

二段モーション
【にだんもーしょん】
投球動作をとった後、途中で止めたり、動きを戻したりする投げ方。反則投球でボークになる。

日南総合運動公園野球場
【にちなんそうごううんどうこうえんやきゅうじょう】【Nichinan Tokoji Baseball Stadium】
宮崎県日南市にある球場。東光寺球

場とも呼ばれている。両翼92m、中堅120m。広島東洋カープがキャンプで天福球場とこの球場の2カ所を使用している。
所在地
宮崎県日南市大字殿所2200（日南総合運動公園内）

日米大学野球選手権大会
【にちべいだいがくやきゅうせんしゅけんたいかい】

1972年から日本と米国の大学選抜チームによって、日本と米国で交互に開催されてきた。2007年からは隔年開催となり、2007年は米国で、2009年は日本で開催される。2011年からの開催国は交互の予定。主催は全日本大学野球連盟。

(財)日本学生野球協会
【にっぽんがくせいやきゅうきょうかい】【Japan Student Baseball Association】

(財)全日本大学野球連盟と(財)日本高等学校野球連盟を傘下におく協会。学生野球憲章および学生野球協会寄附行為を定めている。この諸規定に違反した場合、その処分を審査するための審査室が置かれている。1970年以降、明治神宮野球大会を明治神宮と共催で開催している。

(財)日本高等学校野球連盟
【にっぽんこうとうがっこうやきゅうれんめい】【Japan High School Baseball Federation】

全国47都道府県の高等学校野球連盟を統括している連盟。軟式の部と硬式の部がある。全国高等学校野球選手権大会、選抜高等学校野球選手権大会を主催している。
→高野連

日本スポーツマスターズ大会
【にっぽんすぽーつますたーずたいかい】

満40歳以上が参加資格の全日本軟式野球連盟が主催する軟式野球大会。各都道府県のブロック代表となったチームが参加できる。ただし、国民体育大会軟式野球大会に選手として参加したら、選手として参加できない。

(財)日本野球連盟
【にっぽんやきゅうれんめい】【Japan Amateur Baseball Association】

1949年、全国9地区の連盟、342チーム加盟の日本社会人野球協会として発足した。1985に名称を日本野球連盟に改め、平成2年に財団法人日本野球連盟となった。全国都市対抗野球大会をはじめ、全国各地域で野球大会を開催、野球技術や審判技術向上のための講習会も実施。少年野球の育成なども行っている。

日本シリーズ
【にっぽんしりーず】【Japan Series】

2006年までは、セリーグとパリーグの優勝チーム同士で、7戦、4戦先勝方式で行われてきた。しかし、2007年は、リーグ1位でなくてもクライマックスシリーズ（プレーオフ）で勝ち抜けば、リーグ1位にはなれないが、日本シリーズに出場できる制度になった。中日ドラゴンズは、セリーグ2位の成績ながら、クライマックスシリーズに勝

ち、さらに、日本シリーズでは北海道日本ハムファイターズを破って日本一となった。

日本プロフェッショナル野球組織
【にっぽんぷろふぇっしょなるやきゅうそしき】【Nippon Professional Baseball (NPB)】
　セリーグとパリーグのそれぞれの団体で構成する組織。日本のプロ野球の試合を行っている。コミッショナーが管理運営している。

日本プロ野球選手会
【にっぽんぷろやきゅうせんしゅかい】
【Japan Professional Baseball Players Association (JPBPA)】
　日本のプロ野球選手の全て(一部の外国人選手を含む)が会員となっている団体。選手の地位向上や、野球教室、チャリティー活動なども行っている。

(社)日本野球機構
【にっぽんやきゅうきこう】
【Nippon Professional Baseball】
　日本のプロ野球を統括し、日本シリーズおよびオールスター戦を主催している。

二人制審判
【ににんせいしんぱん】
　二人で試合の審判を行うこと。二人審判のメカニクスがある。

二年目のジンクス
【にねんめのじんくす】
【sophomore jinx】
　1年目に好成績を収めた選手が、2年目には成績が下がることが多い。この現象を2年目のジンクスという。

二遊間
【にゆうかん】
【middle/keystone】
　① 二塁手と遊撃手のこと。
　② 二塁手と遊撃手の間のこと。

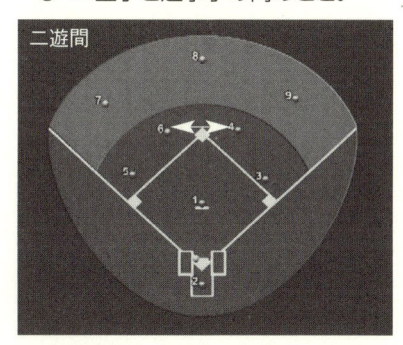

→キーストン

入札制度
【にゅうさつせいど】
【posting system】
　FA権のない日本のプロ野球選手が、メジャーリーグへの移籍を希望し、所属する球団が認めた場合は、メジャーリーグの全チームにポスティングの連絡を行い、興味を持ったメジャーリーグのチームは、契約金の入札を行い、最高額で落札したチームが日本の所属チームとの交渉権を獲得できる制度のこと。

ニューヨークメッツ
【にゅーよーくめっつ】
【New York Mets】
　米国ニューヨークを本拠地にするメジャーリーグの球団。ナリーグに所属。1962年、ナリーグ拡張時に誕

生。1969年、ワールドシリーズ優勝。1986年に2度目の世界一となり「ミラクルメッツ」と呼ばれた。2000年には、14年ぶりに地区優勝、ワールドシリーズで同じニューヨークに本拠地を置くヤンキースと「サブウエイシリーズ」を戦い、1勝4敗で敗れた。

ニューヨークヤンキース
【にゅーよーくやんきーす】
【New York Yankees】
　米国ニューヨークを本拠地にするメジャーリーグの球団。アリーグに所属。1923年にワールドシリーズ初制覇。1949年から5年連続でワールドシリーズを制覇。日本でも有名なベーブルースやルーゲーリックが所属していた。2008年1月現在、日本でホームラン王を獲得した松井秀喜選手が所属している。

二流選手
【にりゅうせんしゅ】【oh-fer】
　野球が上手ではない選手のこと。

二塁手
【にるいしゅ】【second baseman】
→セカンド

二塁打
【にるいだ】【two-base hit、double、ground rule double】
　打者がヒットを打ち、守備側のエラーがからまず、二塁まで進むこと。

二塁塁審
【にるいるいしん】
【second base umpire】

二塁ベース付近に位置する塁審。

任意引退
【にんいいんたい】【retirement】
　プロ野球の選手が、選手の意思によって引退すること。他球団に選手として入団する時は、引退した球団の承認がいる。

（ボールの）縫い目
【ぬいめ】【seam】
　硬式ボールの糸で縫ってある部分。ここに指をかけて投げるのが基本。

ネクストバッターズサークル
【ねくすとばったーずさーくる】【on-deck circle】
→ウエイティングサークル

ねずみ
【ねずみ】【baseball pitcher's elbow/ chip】
　投げる方のヒジの軟骨が遊離して動くこと。痛くてボールが投げられなくなる。

根っこ
【ねっこ】
　バットのグリップ寄り。バッティングでインコースのボールを打つなど、芯よりグリップ寄りで打つと詰まって強い打球が打てない。そんな時、根っこで打ったという。

捻転
【ねんてん】
　体や腕をひねること。

ノーアウト
【のーあうと】【no out】
　イニングでアウトが一つも取れていない状態。
→ノーダウン

ノーカウント
【のーかうんと】【no count】
　ボールデッド中やタイムがかかっている時などのプレイでカウントしないプレイ。

ノーキャッチ
【のーきゃっち】
　捕球できていないプレイのこと。試合中、打球を直接捕球できていない時に審判が発する言葉。

ノーゲーム
【のーげーむ】【no game】
　雨天などで試合が成立しないこと。

ノーコン
【のーこん】【bad control】
　コントロール（制球）が悪いこと。

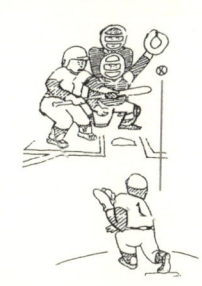

ノースイング
【のーすいんぐ】
スイングをしていないこと。打撃でハーフスイングをした時、球審は塁審(一塁または三塁)に判断を仰ぐ。振っていなければ、塁審はジェスチャーでノースイングの判定をする。

ノースイングのジェスチャー

ノースコア
【のーすこあ】
得点が入っていないこと。
(例)6回を終わって両チーム0対0のノースコア。

ノーステップ
【のーすてっぷ】
ステップをしないこと。

ノースライ
【のーすらい】【no slide】
スライディングをするなという掛け声。ランナーコーチが、走者にスライディングをしないよう指示する掛け声。

ノーダウン
【のーだうん】
→ノーアウト

ノータッチ
【のーたっち】【no touch】
タッチをしていない。
→空タッチ

ノートレード条項
【のーとれーどじょうこう】
【no-trade clause】
メジャーで、契約期間中は他チームにトレードしないことを契約した条項。トレードに出す時は、本人の承諾が必要。

ノーヒットノーラン
【のーひっとのーらん】
【no-hit no-run game】
四死球やエラーの走者は出したが、1試合で1本もヒットを打たれず、また、得点も許さないで勝った試合。四死球やエラーもなく一人も塁に出さずに勝った場合は完全試合(パーフェクトゲーム)。
→無安打無得点試合

ノーボイス
【のーぼいす】
審判が声を出さず、ジェスチャーだけで判定をすること。

ノーラン
【のーらん】【no run】
得点が入っていないこと。

ノーワインドアップ（モーション）
【のーわいんどあっぷ（もーしょん）】
【no-windup motion】
　通常、ワインドアップモーションは、両腕をつけた手を、頭の上まで持っていき、勢いをつけてから投球するが、両腕を頭の上まで上げず、大きく振りかぶらない投球モーション（ノーワインドアップという投球モーションはルール上はなく、ノーワインドアップモーションもワインドアップモーションの一つ）。

ノッカー
【のっかー】【knocker】
　野手にノックをする人。

ノック
【のっく】【fungo】
　守備練習のため、野手にボールを打つこと。

ノックアウト
【のっくあうと】【knockout】
　ヒットを連ね打ち負かすこと。

ノックバット
【のっくばっと】
【knock bat/ fungo bat】
　ノックをするためのバット。通常のバットより軽くできている。

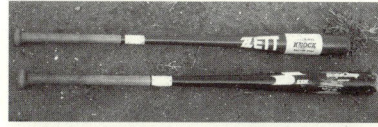

ノンプロ野球
【のんぷろやきゅう】
　社会人野球（硬式の実業団野球）のこと。

パースン・オブ・プレーヤー・オア・アンパイヤー
【ぱーすん・おぶ・ぷれーやー・おあ・あんぱいやー】
【person of player or umpire】
選手または審判の身体または身につけている物。

ハーフウエー
【はーふうえー】【halfway】
走者がどちらの塁にも行ける位置。例えば、走者一塁で外野にフライが上がった時、捕球されたら一塁に戻れる位置で、捕球できなかったら次の塁をねらえる位置のこと。

パーフェクトゲーム
【ぱーふぇくとげーむ】
【perfect game】
→完全試合

ハーフスイング
【はーふすいんぐ】【check swing】
打者が打ちにいって途中で止める半分のスイング。中途半端なスイング。振ったか、振らないか微妙なスイング。ストライクゾーンを通過していない投球に対して、球審はスイングしていないと判断すればボールと判定する。この時、キャッチャーおよび監督は、球審にスイングしたかどうかの判定を塁審に確認することを要請でき、塁審がスイングを認めればストライクになる。

ハーフバッティング
【はーふばってぃんぐ】
半分の力で打つバッティング。トスバッティングはミートだけ、フリーバッティングは思いっきり打つバッティング練習。

ミート中心のハーフバッティング

パームボール
【ぱーむぼーる】【palm ball】
ボールを包むように握って投げる変化球。揺れながら落ちる。

ハーラー（ダービー）
【はーらー（だーびー）】【hurler derby】
投手の勝利数争い。ハーラーダービーの略。

配球
【はいきゅう】
投球の組み立て。打者をアウトに取るために、球種、コース、緩急を考えての投球。

敗戦処理
【はいせんしょり】【mop up】
負けている試合に登板して、試合を終わらせること。

敗戦数
【はいせんすう】【losses(L)】
負け投手になった回数。

敗戦投手
【はいせんとうしゅ】
【losing pitcher】
投手をしている時にリードを許し、同点あるいは逆転できなくてチームが負けた時の投手。走者がいる場面で登板し、その走者が得点した場合は、走者を塁に出した投手が敗戦投手になる。
→負け投手

ハイボール
【はいぼーる】【highball】
高いボール。高めのボール球。

ハイボールヒッター
【はいぼーるひったー】
【highball hitter】
高めのボールを得意にしている打者。

バウンド
【ばうんど】【bound/bounce】
ボールが地面に着いて跳ねること。

パシフィックリーグ
【ぱしふぃっくりーぐ】
【Pacific League】
→パリーグ

（ボールが）はしる
【はしる】
ボールに勢いがあること。ボールが速いこと。

バズーカ
【ばずーか】
【bazooka/fungo bazooka】
① バズーカ砲のように打ち出す外野守備練習用のマシン。

② 肩が強い選手のことをバズーカともいう。

145

バスター
【ばすたー】【fake bunt】
　バントの構えから振り幅を小さくして打つこと。

パスボール
【ぱすぼーる】【passed ball】
　捕手が投球を逸らすこと。投手の悪送球の時はパスボールではなくワイルドピッチになる。
→捕逸

八時半の男
【はちじはんのおとこ】
　抑え投手の代名詞。1965年、読売ジャイアンツが投手の分業制を導入し、勝ち試合の8, 9回を宮田征典投手にリリーフさせた。いつも8時半になると出てくることから8時半の男と呼ばれるようになった。

バック
【ばっく】【backs】
　投手、捕手以外の守備陣。
(例)バックを信じて投げる。

バックアップ
【ばっくあっぷ】【back up】
→カバー

バックサード
【ばっくさーど】
　ボールを三塁に送球すること。

バックスクリーン
【ばっくすくりーん】【batter's eye/batter's eye screen】
　センター後方のスタンド内に立てられた長方形の大きな壁。投手の投球したボールが見やすいように、グリーン一色で作られている。

バックストップ
【ばっくすとっぷ】【back stop】
→バックネット

バックスピン
【ばっくすぴん】【backspinner】
　逆回転。投手や野手は、ボールをリリースする時に、手首と指を使ってボールに逆回転を与える。その回転のことをバックスピンという。

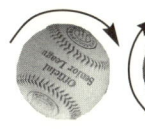

バックトス
【ばっくとす】【across the body】
　捕球したボールをトスする時に、送球方向を向かず、捕球したままの姿勢から、右横方向（右投げ）にヒジから先を使って、下から送球するトスのこと。主に二塁手が遊撃手にトスする時に使う。手の甲を上に向け、指ではじいて送球する（手のひらを上に向けながら、手のひらで押し出すように投げるのが普通のトス）。

バックナンバー
【ばっくなんばー】【back number】
→背番号

バックネット
【ばっくねっと】
【backstop/back net】
　野球場のホームプレートの後方に張ってあるネット。

バックハンド
【ばっくはんど】【backhand】
　右投げの場合、体の中心線より右に飛んできたボールを、グラブをはめてる左手だけで、しかも、親指が下を向いた形で捕球する腕の出し方。
→逆シングル

バックハンドキャッチ
【ばっくはんどきゃっち】
【backhand catch】
　逆シングルで捕球すること。

バックホーム
【ばっくほーむ】
【throw to the plate】
　本塁に送球をすること。

ハッスルプレイ
【はっするぷれい】
　ファイト溢れるプレイ。張り切ってボールを追うプレイ。元気のよいプレイ。

バッター(ズ)ボックス
【ばったー(ず)ぼっくす】
【batter's box】
　バッターが打撃を行う場所。右と左のボックスがあり、どちらのボックスで打ってもよい。

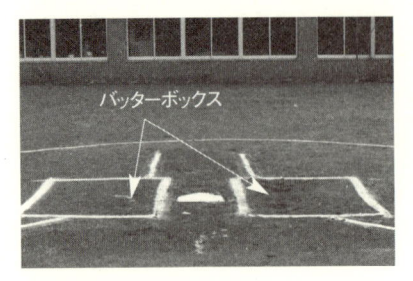

バッター
【ばったー】【batsman/batter】
→打者

バッターアウト
【ばったーあうと】【batter out】
　第三ストライクを捕手が捕球した時や、打者がバッターボックスから出て投球を打った時などはバッターがアウトになる。

バッターインザホール
【ばったーいんざほーる】
【batter in the hole】
　打者が追い込まれた状態。2ストライク0ボールなど。

ボールカウント
S ● ●　　（2ストライク）
B ○ ○ ○　（0ボール）
O ● ○

バッターランナー
【ばったーらんなー】【batter-runner】
→打者走者

バッティング
【ばってぃんぐ】【batting】
→打撃

バッティングアイ
【ばってぃんぐあい】
【batting eye】
→選球眼
→いい目

バッティングアベレージ
【ばってぃんぐあべれーじ】
【batting average】
→打率

バッティングオーダー
【ばってぃんぐおーだー】
【batting order】
→打順

バッティンググローブ
【ばってぃんぐぐろーぶ】
　バッティングを行う時に使用する手袋。高校野球では下記の条件により使用が認められている。
① リストバンドを兼ねたようなものは使用できない。手首から先のみの手袋とする。
② スプレーの使用は手袋の傷みが激しく、打者が優位になることもあるので禁止。
③ パットを補強したような高価なものは使用しない。色は黒もしくは白とする。商標は手袋と同色のものを1カ所に限りに表示することがで

きるが、その大きさは7平方センチ以下とする。

高校生対応　高校生は使えない

バッティングケージ
【ばっていんぐけーじ】
【batting cage】
→ケージ

バッティングセンター
【ばっていんぐせんたー】
【batting center】
　ボールを打たせてくれるゲームセンター。バッティングマシンが置いてあり、そのマシンが繰り出すボールを打つ。

バッティングチャンス
【ばっていんぐちゃんす】
　ボールカウントが0-2、1-2、1-3などで、投手がストライクを投げてくる可能性が高く、ヒットを打てる可能性が高い時。

バッティングティー
【ばっていんぐてぃー】
【batting tee】
　バッティング練習をするためのティー。ティーの上にボールを載せてネットに向かって打つ。
→ティー

バッティングピッチャー
【ばっていんぐぴっちゃー】
【batting practice pitcher】
→打撃練習投手

バッティングフォーム
【ばっていんぐふぉーむ】
【batting form】
　バッティングをするときの構えからフィニッシュまでの姿勢、形。

バッテリー
【ばってりー】【battery】
　ピッチャーとキャッチャーのこと。

バット
【ばっと】【bat】
　打者がボールを打つための道具。なめらかな丸い棒で最も太い部分の直径が2インチ4分の3以下で長さは42フィート以内と野球規則で決められている。アマチュア野球で使用する金属バットは、最も太い部分の直径が61.7mm未満、重さは900g以上と決められている（少年野球と軟式野球はこの規則を適用しない）。

バットウエイト
【ばっとうえいと】
　素振りする時にバットにつける重り。

バットウエイトリング
【ばっとうえいとりんぐ】
　素振りする時にバットにつけるリングの重り。

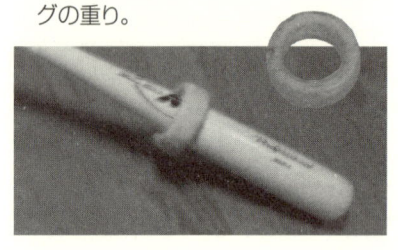

バットケース
【ばっとけーす】
　バットを収納するケース。

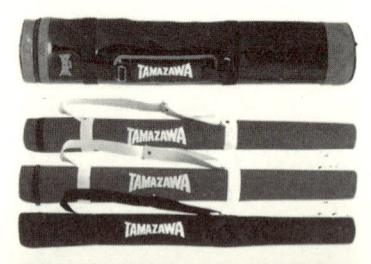

バットコントロール
【ばっとこんとろーる】
【bat control】
　ボールにバットを当てる精度のこと。

バットスピード
【ばっとすぴーど】【bat speed】
→スイングスピード

バットボーイ
【ばっとぼーい】
【bat boy/mascot boy】
　野球の試合で、バットやボールを拾いに行ったり、渡したりする係員のこと。アマチュア野球では控え選手がやることが多い。

バットマン
【ばっとまん】
【batsman/hitter/batter】
　野手。攻撃をする選手。

バットマンレース
【ばっとまんれーす】
　首位打者、ホームラン王、打点王などの競い合い。

派手なプレイ
【はでなぷれい】
　基本に忠実ではなく、かっこよく見せようとするプレイ。

バランスポジション
【ばらんすぽじしょん】
　投手が軸足に重心を乗せ、前足を大きく上げた姿勢。

パリーグ
【ぱりーぐ】【Pacific League】
　日本プロ野球の連盟の一つ。北海道日本ハムファイターズ、千葉ロッテマリーンズ、オリックス・バファローズ、福岡ソフトバンクホークス、東北楽天ゴールデンイーグルス、埼玉西武ライオンズの6球団が加盟している。
→パシフィック・リーグ

パワーヒッター
【ぱわーひったー】
→長距離打者

ハワイウインターベースボール
【はわいういんたーべーすぼーる】
【Hawaii Winter Baseball】
　ハワイで行われるウインターリーグ。日米プロ野球若手選手の育成の場として、1993年から1997年まで行われていたが、スポンサー不足から中止され、2006年オフに9年ぶりの再開催となった。過去、イチロー、小久保、松井稼、城島、松中、井口などが参加している。

ハンガーカーブ
【はんがーかーぶ】【hanging curve】
　あまり曲がらないキレのないカーブ。打者にとって打ちやすいカーブ。

ハンクアーロン賞
【はんくあーろんしょう】
　メジャーリーグのハンクアーロンが、ベーブルースの通算本塁打記録を塗り替えてから25周年を迎えたことを記念して1999年から創設された。アリーグ、ナリーグから、それぞれ一人ずつ最も活躍した打者に贈られる。

阪神甲子園球場
【はんしんこうしえんきゅうじょう】
【Hanshin Koshien Stadium】
　西宮市甲子園町にある球場。通称甲子園。阪神タイガースの本拠地。両翼95.4m、中堅120m。甲子園といえば春と夏の全国高校野球大会、ということが野球の長い歴史のなかで定着し、日本の文化、大きなイベントの一つにもなっている。
所在地
兵庫県西宮市甲子園町1-82

阪神タイガース
【はんしんたいがーす】
【HANSHIN Tigers】
　日本のプロ野球球団。セリーグに所属し、阪神甲子園球場を本拠地にしている。ファーム（二軍）は阪神鳴尾

浜球場を本拠地にしている。1936年大阪タイガースとして創立。その後、チーム名が阪神軍、大阪タイガースになり、1961年から現在の阪神タイガースになった。有料観客動員数が12球団で唯一、300万人を超える(2005、2006年)関西一の人気球団であり、地元に密着している。2007年までにリーグ優勝5回、日本シリーズ優勝1回。

阪神大学野球連盟
【はんしんだいがくやきゅうれんめい】
阪神地区の大学で構成されている連盟。全日本大学野球連盟の傘下で、2008年1月現在、下記の18大学が加盟している。
大阪産業大学、大阪経済法科大学
天理大学、追手門学院大学
摂南大学、桃山学院大学
大阪電気通信大学、関西福祉大学
大阪体育大学、甲南大学
姫路獨協大学、関西外国語大学
帝塚山大学、流通科学大学
神戸国際大学、兵庫大学
関西国際大学、
神戸大学海事科学部

反則打球
【はんそくだきゅう】
打者がバッターボックスからはみ出て打ったり、バントした時など、打者のルール違反によっておきた打球のこと。

反則打法
【はんそくだほう】
打者が不正バットを使ったり、バッターボックスから出て打つ行為。

反則投球
【はんそくとうきゅう】【illegal pitch】
→不正投球。
→イリーガルピッチ

反則捕球
【はんそくほきゅう】
【illegal catch】
帽子やキャッチャーマスクで打球や送球を捕球すること。またグラブを投げボールに当ててから捕球することなど。打者走者に二つ以上の塁が与えられる。

バント
【ばんと】【bunt】
投球に対し、バットを振らないでボールに当て転がす行為のこと。ランナーを進めるための送りバント、三塁走者を本塁に迎え入れ1点を取るためのスクイズバント、自分が一塁に生きるためのセーフティーバントがある。

バントエンドラン
【ばんとえんどらん】
【bunt and run】
　投球と同時に走者が走り、打者はどんなボールでもバントをして走者を進める作戦のこと。

ハンドグリップ
【はんどぐりっぷ】
　手のひら全体でバットを握るバットの握り方。

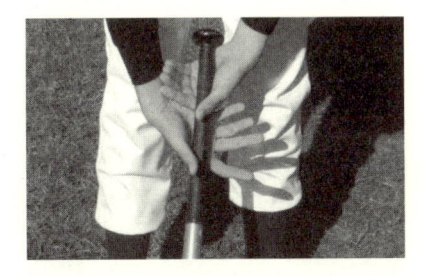

バントヒット
【ばんとひっと】
【bunt one's way on/bunt hit】
　バントをして野手の失策や野選がなく、一塁に生きるヒットのこと。

バンビーノの呪い
【ばんびーののろい】
→ベーブルースの呪い
　バンビーノとはベーブルースの愛称

反復練習
【はんぷくれんしゅう】
　同じことを繰り返し行う練習。

ハンブル
【はんぶる】【fumble】
　ボールが手に付かず、ボールをはじくこと。

投手に関する略語	
略字	用語
G	登板試合
GS	先発試合
W	勝利
W-L	勝敗
L	敗戦
Pct.	勝率
SV	セーブ
ER	自責点
ERA	防御率
R	失点
CG	完投
SHO	完封
IP	投球回数
BF	対戦打者数
H	被安打
2B	被二塁打
3B	被三塁打
HP	被本塁打
H/9	一試合の被安打率
BB	与四球
HP	与死球
IBB	敬遠の四球
BK	ボーク
RHP	右投手
LHP	左投手
SO	奪三振
SO/9	一試合の奪三振率
WP	ワイルドピッチ

被安打
【ひあんだ】【hits (H)】
　打たれたヒットのこと。

Bゲーム
【びぃーげーむ】【B game】
　二軍選手が出場する試合。

ビーンボール
【びーんぼーる】
【chin music/bean ball】
　→危険球

控え選手
【ひかえせんしゅ】【extra】
　登録されてベンチ入りしているが、試合に出ていない選手。

東地区
【ひがしちく】
　メジャーは東、中、西に分けて地区優勝を競っている。その地区の一つ。アリーグとナリーグの東地区がある。

東日本軟式野球大会二部
【ひがしにっぽんなんしきやきゅうたいかいにぶ】
　軟式野球連盟クラスCの大会で、昭和54年に第1回大会が開催された。東海、北陸以東24都道県の予選大会で優勝したのち、ブロック大会の代表となったチームが出場できる。優勝または準優勝のチームは、次年度よりBクラスに昇格できる。開催地は24都道県の持ち回りとなっているが、最近では国体リハーサル大会として開催されることが多い。

東日本軟式野球大会一部
【ひがしにっぽんやきゅうたいかいいちぶ】
　軟式野球連盟クラスBの大会で、昭和54年に第1回大会が開催された。東海、北陸以東24都道県の予選大会で優勝したチームが出場できる。本大会で優勝または準優勝すると、次年度はAクラスに昇格できる。

飛球
【ひきゅう】【fly】
　バウンドせずに高く上がった打球のこと。
　→フライ（ボール）

飛距離
【ひきょり】
　打球が飛んだ距離のこと。

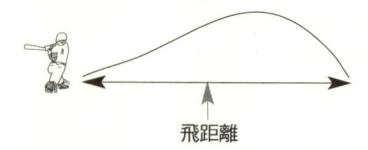

火消し陣
【ひけしじん】【fire brigade】
　リリーフ投手陣のこと。先発投手がノックアウトされた後に救援登板するので、火がついた打線を抑える役目がある。そのため火消し陣とよばれている。

非公式試合
【ひこうしきじあい】
【exhibition game】
　公式試合ではない試合。
→練習試合

(膝が)割れる
【(ひざが)われる】
　投球時、ステップした前足のヒザが開くこと。

膝元を突く投球
【ひざもとをつくとうきゅう】
【knee-knocker】
　インコース低めの投球。インコース低めは膝に近いので膝元を突く投球という。

ビジター
【びじたー】【visitor】
　相手の本拠地で試合するチームのこと。アウェーともいう。

ビジティングチーム
【びじてぃんぐちーむ】
　先攻チーム。野球ルールでは、ビジティングチーム(先攻チーム)が攻撃する間を表という。

左打ち(バッター)
【ひだりうち(ばったー)】
　左打席で打撃を行う打者。
→左バッター

左投手
【ひだりとうしゅ】
【left-handed pitcher (LHP)/left-hander/southpaw/lefty】
　左投げ投手のこと。
→左腕投手

左投げ
【ひだりなげ】
　左手でボールを投げる選手。

ピックアップチーム
【ぴっくあっぷちーむ】
→選抜チーム

ビッグイニング
【びっぐいにんぐ】【big inning】
　大量点が入ったイニングのこと。

	1	2	3	4	5	6	7	8	9	計
Aチーム	0	0	0	0	1	0	0			1
Bチーム	0	0	0	1	0	7	0			8

↑ビッグイニング

ピックオフプレイ
【ぴっくおふぷれい】【pickoff play】
　野手の動きによって、走者の離塁を大きくさせ走者をアウトにするサインプレイ。

ピッチ
【ぴっち】【pitching】
→投球

ピッチドアウト
【ぴっちどあうと】【pitched out】
　捕手が走者の盗塁などを予測して、ウエストボールを投げるさせること。

ピッチャー
【ぴっちゃー】【pitcher (P)/ hurler】
→投手

ピッチャー返し
【ぴっちゃーがえし】
【hit back to the box】
　バッターがピッチャー方向へ打つこと。

ピッチャーゴロ
【ぴっちゃーごろ】
【comebacker/grounder to the pitcher】
　① ピッチャーのポジション付近にバウンドしながら飛んだ打球。
　② バウンドしてきた打球をピッチャーが捕球し、どこかの塁へ送球してアウトにすること。

ピッチャースピボットフット
【ぴっちゃーすぴぼっとふっと】
【pitcher's pivot foot】
　投手の軸足。

ピッチャープレート
【ぴっちゃーぷれーと】
【pitcher's plate/rubber】
→投手板

ピッチャーマウンド
【ぴっちゃーまうんど】
【pitcher's mound】
　投手が投球する場所で、他の場所より高くなっている。

ピッチャーライナー
【ぴっちゃーらいなー】
【line drive to the pitcher】
　ピッチャーへライナーで飛んできた打球。

ピッチング
【ぴっちんぐ】【pitching】
→投球

ピッチングスタッフ
【ぴっちんぐすたっふ】
【pitching staff】
　投手をする選手達。

ピッチングマシーン
【ぴっちんぐましーん】
【pitching machine】
　打者がバッティング練習をするための機械で、スピートの調整ができ、変化球にもできる。

ピッツバーグパイレーツ
【ぴっつばーぐぱいれーつ】
【Pittsburgh Pirates】
　米国ピッツバーグを本拠地にするメジャーリーグの球団。ナリーグに所属。1876年にピッツバーグアレゲニーズとして誕生。1987年にナリーグに加盟し、3年後にパイレーツにチーム名を変更。1901年から1903年まで3年連続リーグ制覇。1909年に初の世界一。1971年、1979年にも世界一になった。

ヒッティング
【ひってぃんぐ】【hitting】
　打つこと。

ヒット
【ひっと】【hits】
打者が打った打球に対し、守備側の失策がなく、一塁に生きること。
→安打

ヒットエンドラン
【ひっとえんどらん】
【hit-and-run play】
投球と同時に走者は次の塁へ向けて走り、打者は投球を打つ作戦。

引っ張る
【ひっぱる】
右打者は左方向へ、左打者は右方向へ思いっきり打つこと。

ヒップファースト
【ひっぷふぁーすと】
投球の時、バランスポジションから体重移動を始めるときに、お尻から先に移動すること(肩が先に移動するのはショルダーファースト)。

ひねりすぎ
【ひねりすぎ】
曲げすぎること。
(例)ボールをひねりすぎた。

火の球
【ひのたま】【flameball】
気迫のこもった速いボール。

ビハインド
【びはいんど】【behind】
試合でリードされていること。

ピボットマン
【ぴぼっとまん】【pivot man】
内野ゴロダブルプレイなどで、ボールを受け、転送する選手のこと。

被本塁打
【ひほんるいだ】
投手が打たれたホームラン。

ヒューストンアストロズ
【ひゅーすとんあすとろず】
【Houston Astros】
米国ヒューストンを本拠地にするメジャーリーグの球団。ナリーグに所属。1962年にナリーグが10球団制に拡張と同時に創設。1965年に世界初のドーム球場、アストロドームへ本拠を移転し、アストロズとチーム名を変更。1980年、初の地区優勝。2005年、初めてワールドシリーズに進出したが、ホワイトソックスに敗れた。

開く
【ひらく】【open up】
① 投手が投球する時に、膝、腰、肩

が早く回ることを開くという。
② 打者が打つ時に、膝、腰、肩が早く回ることを開くという。
(例)この投手は肩が開くのでボールが見やすく打ちやすい。

広島市民球場
【ひろしましみんきゅうじょう】
【Hiroshima Municipal Baseball Stadium】
　広島市にある球場。広島東洋カープの本拠地。両翼91.4m、中堅115.8m。外野は天然芝。都市対抗予選や高校野球地方大会などアマチュア野球でも使われている。
所在地
広島県広島市中区基町5-25

広島東洋カープ
【ひろしまとうようかーぷ】
【Hiroshima Toyo Carp】
　日本のプロ野球球団。セリーグに所属し、広島市民球場を本拠地にしている。ファーム(二軍)は山口県岩国市の広島東洋カープ由宇練習場を本拠地にしている。1950年広島カープとして創立。1965年から現在の広島東洋カープになった。1979、1980年に日本シリーズ2連覇を達成。2007年までにリーグ優勝6回、日本シリーズ優勝3回。

広島六大学野球連盟
【ひろしまろくだいがくやきゅうれんめい】
　広島県の大学で構成されている連盟。全日本大学野球連盟の傘下で、2007年現在、下記の6大学が加盟している。

広島修道大学、広島国際学院大学
広島工業大学、広島大学
広島経済大学、近畿大学工学部

(攻撃に)火をつける
【(こうげきに)ひをつける】
【ignite】
　連打を浴び、相手の打線を勢いづかせること。

貧打戦
【ひんだせん】
　打線が弱く、打てなくて、お互いに点が入らない試合のこと。

ピンチ
【ぴんち】【jam】
　走者が塁を埋め、得点されそうな守備側の状況のこと。

ピンチヒッター
【ぴんちひったー】
【pinch hitter (PH)】
　打順が回ってきた選手に代わり、打席に立つ打者。
→代打

ピンチランナー
【ぴんちらんなー】【pinch runner】
　出塁している走者に代わってランナーに起用される選手。
→代走

ビーンボール
【びーんぼーる】【bean ball】
　打者を狙って投げる投球。

ファースト
【ふぁーすと】【first】
→一塁手

ファーストゴロ
【ふぁーすとごろ】
一塁手付近にバウンドしながら飛んだ打球。

ファーストフライ
【ふぁーすとふらい】
【fly ball to first】
一塁手付近に上がった飛球。

ファーストベース
【ふぁーすとべーす】【first base】
一塁のベース。

ファーストミット
【ふぁーすとみっと】
【first baseman's glove】
一塁手が使用するミット。重さには制限がないが、大きさには制限が加えられている。縦が30.5cmで他にも細かい制限がある。

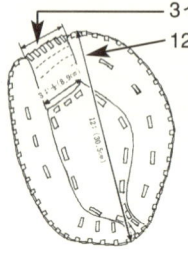

3インチ1/2 (8.9cm)
12インチ (30.5cm)

ファーム
【ふぁーむ】【farm】
プロ野球の二軍のこと。

ファウルグラウンド
【ふぁうるぐらうんど】
【foul territory】
→ファウルテリトリー

ファインプレイ
【ふぁいんぷれい】【fine play】
ヒット性の当たりを捕球してアウトにする、素晴らしいプレイのこと。

ファウル（ボール）
【ふぁうる（ぼーる）】【foul】

ファウルとは打球が次の状態になった時のこと。
① 一塁、三塁ベースを越えず、本塁と一塁または本塁と三塁の間のファウルゾーンに止まった打球。
② バウンドしながら、一塁または三塁のファウル区域を通過した打球。
③ 最初に落ちた地点が、一塁ベースまたは三塁ベースを越えたファウル区域の打球。
④ ファウル地域内で、野手や走者などのプレーヤー、審判員や捕手が外したマスクなどが触れた打球。
⑤ バッターボックスを出ていない打者の体やバットにあたった打球。
打球がファウルになったらボールデッドとなりプレイは行われない。

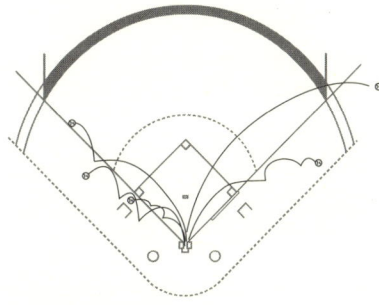

ファウルチップ
【ふぁうるちっぷ】【foul tip】

スイングしたバットにかすかにボールが触れ、鋭く捕手の手かミットに飛んで来て、正規に捕球されたもの。捕球されなければファウルチップではない。ファウルチップはストライクでボールインプレイ。この打球が直接捕手の手かミットに触れれば、跳ね返ったものでも、地面に落ちる前に捕球すればファウルチップになる。

ファウルグラウンド（テリトリー）
【ふぁうるぐらうんど（てりとりー）】
【foul territory/foul ground】

フェアグラウンド以外のグラウンド。ファウルグラウンドで飛球を直接捕球すれば、打者はアウトになるが、インプレイでプレイは続行している。

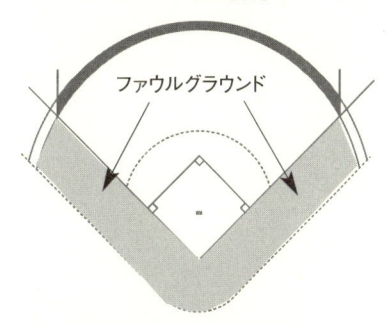

ファウルフライ
【ふぁうるふらい】【foul fly】

ファウルグラウンドに上がった飛球。邪飛球ともいう。

ファウルポール
【ふぁうるぽーる】【foul pole】
　両翼のファウルラインの延長線上に立てられたポール。このポールに当たるか、このポールよりセンター方向のスタンドに直接入ればホームランになる。このポールの上を通過した打球は、ボールを通過した位置がフェアグラウンド内ならホームランで、ファウルグラウンドならファウルになる。従って、ポールを巻いてファウルグラウンドに落ちたらホームランになる。

ファウルライン
【ふぁうるらいん】【foulline】
　本塁から一塁ベースの延長線上と本塁から三塁ベースの延長線上に引かれた白線。

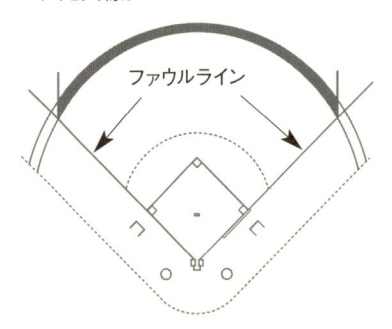

ファストボール
【ふぁすとぼーる】【fastball】
→直球
→速球
→ストレート

ファンブル
【ふぁんぶる】【fumble】
　打球や送球されてきたボールが手に付かずはじくこと。

フィールディング
【ふぃーるでぃんぐ】【fielding】
　守備のこと。
（例）いいフィールディングをしている（守備が上手いこと）。

フィールディンググローブ
【ふぃーるでぃんぐぐろーぶ】
【fielding glove】
　守備の時にはめる手袋。主に捕手や一塁手がミットの下にはめる。

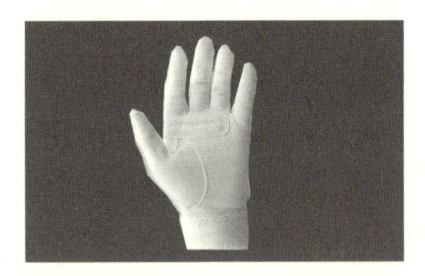

V9（ブイナイン）
【ぶいないん】
　読売ジャイアンツが成し遂げた1965～1973年までの9連覇（日本一）のこと。

フィニッシュ
【ふぃにっしゅ】【finish】
　バッティングフォームや投球フォームの最後の部分。

フィラデルフィアフィリーズ
【ふぃらでるふぃあふぃりーず】
【Philadelphia Phillies】
　米国フィラデルフィアを本拠地にするメジャーリーグの球団。ナリーグに所属。ワールドシリーズ制覇は1980年の一度だけだが、リーグ優勝は5度、地区優勝は6度。

フィルダー
【ふぃるだー】【fielder】
　野手のこと。

フィルダースチョイス
【ふぃるだーすちょいす】
【fielder's choice】
　野選。野手選択。走者がいる場面で、野手がアウトにできる1塁に送球せずに、間に合わない先の塁に送球してオールセーフになること。

フィンガーグリップ
【ふぃんがーぐりっぷ】
　両手の指を中心にしてバットを握るバットの握り方。

封殺
【ふうさつ】
→フォースアウト

フェア（ボール）
【ふぇあ（ぼーる）】【fair】
　本塁と一塁を結んだラインと、本塁と三塁を結んだラインの内側に止まった打球。一塁または三塁をバウンドして通過するときは、一塁ベース上または三塁ベース上を通過した打球。一塁ベース、三塁ベースに触れた打球。最初に落ちた地点が一塁と二塁を結んだ線と二塁と三塁を結んだ線の線上か外野方向で、一塁線と三塁線のライン上または内側の打球。

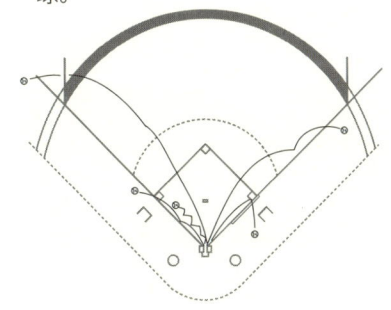

フェアグラウンド（テリトリー）
【ふぇあぐらうんど（てりとりー）】
【fair territory/fair ground】
　フェア地域。本塁と一塁ベースの延長線上、本塁と三塁ベースの延長線上の間の地域。線（ライン）はフェア地域に含まれる。

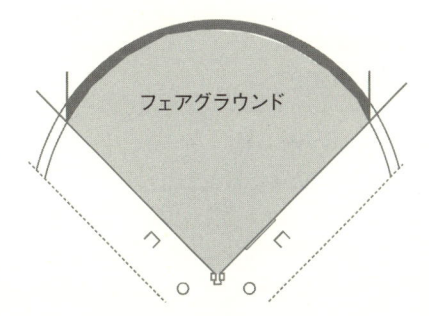

フェニックスリーグ
【ふぇにっくすりーぐ】
　2005年からプロ野球12チームが宮崎に集結して行う教育リーグのこと。2006年は韓国の斗山ベアーズ、LGツインズの2チームも参加した。

フェンス
【ふぇんす】【fence】
　野球場のグラウンドを囲ってある塀。

フォアボール
【ふぉあぼーる】
【base on balls/a walk】
　ストライクゾーンを通過しないボールが四つになり、一塁に安全に進める。走者がいるときは走者も安全に次の塁へ進める。ただし、フォアボールはインプレイなので、危険を冒して更に次の塁へ進むこともできる。
→四球
→故意四球

フォークボール
【ふぉーくぼーる】【spritter】
　人差し指と中指を大きく広げ、両指に挟んで投げるボールで、真っすぐ下に落ちる。

フォーシーム
【ふぉーしーむ】
【four-seam fastball】
　ボールの縫い目に人差し指と中指を直角にかけて投げると、4カ所の縫い目が空気抵抗に合い、回転の良い伸びるボールになる。ボールが1回転する時、縫い目が4回空気抵抗に合うボールのことをいう。
→直球
→速球
→ストレート

フォースアウト
【ふぉーすあうと】【force out】
　打者が打撃を完了し打者走者となったために追い出された各塁の走者が、次の塁に送球されてアウトになること。
→封殺

フォースダブルプレイ
【ふぉーすだぶるぷれい】
　フォースプレイの連続によるダブルプレイのこと。

フォースプレイ
【ふぉーすぷれい】【forceplay】
　打者が打撃を完了し打者走者となったために追い出された各塁の走者をアウトにするためには、次の塁へタッチするか、送球を受けた野手がベースを踏めばアウトになる。このように追い出された走者にタッチしなくてもアウトになるプレイをフォースプレイという。

フォーフィッテッドゲーム
【ふぉーふぃってっどげーむ】
【forfeited game】
　試合時刻になっても、メンバーが揃わない時や一方のチームが試合を放棄した時などに適用される。ルールで9対0で相手チームの勝ちになる。
→没収試合

フォーム
【ふぉーむ】
　投げたり、打ったりするときの体の動き全体をいう。投手が投げるときは投球フォーム、打者が打つときはバッティングフォームという。

フォロースルー
【ふぉろーするー】【follow through】
　投手が投げたり、打者が打ったりする時の最後の動きのこと。

不規則バウンド
【ふきそくばうんど】【bad hop】
　イレギュラーバウンドのこと。地面の凹凸や打球のスピンなどで規則正しくバウンドしないこと。

福岡ソフトバンクホークス
【ふくおかソフトバンクホークス】
【Fukuoka SoftBank HAWKS Baseball Club】
　日本のプロ野球球団。パリーグに所属し、福岡Yahoo! JAPANドームを本拠地にしている。ファーム（二軍）は福岡市雁の巣レクリエーションセンター野球場を本拠地にしている。1938年に南海軍として創立、本拠地は大阪府堺市の堺大浜球場。その後、チーム名が近畿日本、グレートリング、南海ホークスとなり、1989年からは本拠地を福岡市平和台球場に移し福岡ダイエーホークスと改称。2006年から現在の福岡ソフトバンクホークスになった。2007年までの戦績は、リーグ優勝15回、日本シリーズ優勝4回。

福岡ドーム
【ふくおかどーむ】
【Fukuoka Dome/Fukuoka Yahoo! JAPAN DOME】
　福岡市に建設された開閉式ドーム球場。福岡ソフトバンクホークスの本拠地。両翼100m、中堅122m。人工芝球場。命名権を売却し、ヤフードーム（福岡Yahoo! JAPANドーム）とよばれている。また、コンサート会場としても広く使用されている。
所在地
福岡県福岡市中央区地行浜二丁目2番2号

福岡六大学野球連盟
【ふくおかろくだいがくやきゅうれんめい】
　福岡県の大学で構成されている連盟。全日本大学野球連盟の傘下で、下記の6大学が加盟している。
福岡教育大学、福岡工業大学
九州産業大学、第一経済大学
九州工業大学、九州共立大学

不正投球
【ふせいとうきゅう】
【illegal pitches】
→反則投球
→イリーガルピッチ

不正バット
【ふせいばっと】【cheater】
　規則違反のバット。

二桁勝利者投手
【ふたけたしょうりしゃとうしゅ】
【double-figure winner】
　10勝以上あげた投手。

フックスライディング
【ふっくすらいでぃんぐ】
【hook slide】
　タッチをかわすため右半分で滑り、左足の足首でベースにタッチするスライディング。送球方向によって足を逆にすることもある。また、スライディングして手でベースタッチすることもある。

プッシュバント
【ぷっしゅばんと】【push】
　バットを前に押し出して、打球を殺さないバントのこと。野手の動きを見て、野手と野手の間を狙う。

プットアウト
【ぷっとあうと】【putout】
　守備側の選手が攻撃側の選手を直接的にアウトにすること。またはその野手に記録される記録のこと。刺殺が記録されるのは次の5種類。
① 塁を離れた走者へのタッチ。
②フォースプレイになる塁へのタッチ。
③ 第三ストライクの完全捕球。
④ フライの捕球。
⑤守備妨害のとき、アウトになった攻撃側選手の一番近くにいたこと。
　アウトが発生すると、必ず守備側選手の誰かに刺殺が記録される。
→刺殺

フットガード
【ふっとがーど】
打撃の時、足につける防具。

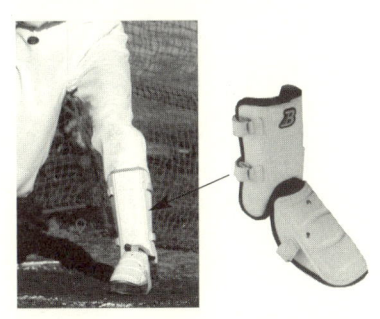

踏み込む
【ふみこむ】
バッティングで、ボール方向へ強くステップすること。

踏み出す
【ふみだす】
前足でステップすること。

踏み出す足
【ふみだすあし】【stepping foot】
投球やバッティングで、ステップする足のこと。

フライ(ボール)
【ふらい(ぼーる)】
【fly (F)/fly ball】
→飛球

フラッシュ
【ふらっしゅ】【flash】
1回触ったら、そこがサインのこと。

ブラッシュボール
【ぶらっしゅぼーる】
【brushback/duster】
打者の胸元付近に投げるボール。打者が踏み込んで打つのを防ぐため、胸元に速いボールを投げて、のけ反らせるためのボール。

フランチャイズ
【ふらんちゃいず】【franchise】
日本のプロ野球は、各球団が本拠地を置く都道府県で行う興行権を保護している。その権利のことをフラン

チャイズという。保護地域では、全ての日本プロ野球関連行事の独占権が各球団に与えられている。

フリーエージェント
【ふりーえーじぇんと】
【free agent】
　野球協約により、一軍登録で規定年数に達した選手が、所属球団と契約を結ばず、自由に移籍できる権利。
→FA（宣言）

フリー打撃（バッティング）
【ふりーだげき（ばってぃんぐ）】
【free batting】
　投手またはマシンのボールをフリーに打つバッティング練習のこと。

振り遅れ
【ふりおくれ】
　投球に対してスイングが遅れること。

振りかぶる
【ふりかぶる】
　投手が投球の時、保持したボールを体の前で合わせた後、頭の上まで大きく上げること。

振り子打法
【ふりこだほう】
　投球にタイミングを合わせながら、前足を振り子のように上げ、ステップと同時に体重も前足に乗せ、体重移動しながらスイングする打法（イチロー選手がこの打法の代表的な選手）。

振り逃げ
【ふりにげ】【drop third strike】
　二死または無死か一死で走者が一塁にいない場合に、第三ストライクを捕手が完全捕球できない時は、打者はタッチされるか、一塁に送球されベースタッチされなければアウトにならない。打者が、第三ストライクを捕手が捕球できない時に、一塁へ走る行為をいう。

振り幅
【ふりはば】
　バットスイング時の、バットの通過する長さ（幅）。

プル
【ぷる】【pull】
　ボールを引っ張ること。

フルカウント
【ふるかうんと】【full count】
　2ストライク3ボールのこと。

フルスイング
【ふるすいんぐ】【full swing】
　全力で振るスイング。

プルヒッター
【ぷるひったー】【pull hitter】
　① 強打者。
　② 引っ張る打者。
　③ 大きな当たりを打つ打者。

フルベース
【ふるべーす】【bases full】
　一塁、二塁、三塁にランナーがいること。
→満塁

ブルペン
【ぶるぺん】【bullpen】
　試合の時、投手が投球練習をする場所。一般的には野球場の一塁側と三塁側のファウルグラウンドにマウンドが作られ、投球練習ができるようになっている。

ブルペンエース
【ぶるぺんえーす】【bullpen ace】
① 一番信頼のおける救援投手。
② 試合では力を発揮できないが、ブルペンでは良いピッチングをする投手。

ブルペンコーチ
【ぶるぺんこーち】【bullpen coach】
ピッチングコーチ。ブルペンで投手の管理をするコーチ。

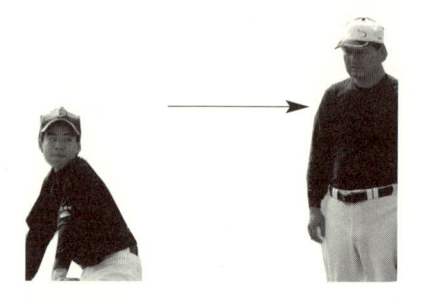

ブルペン捕手
【ぶるぺんほしゅ】
【bullpen catcher】
ブルペンで投手のボールを受ける捕手。試合に出ていない控え捕手のこと。一般に壁とも呼ばれている。

プレイ
【ぷれい】【play】
① 試合を開始する時、審判が発するコール。試合開始の合図。
② 選手の動き。

プレーイングコーチ
【ぷれーいんぐこーち】
【playing coach】
コーチを兼ねている選手(コーチ兼選手)。

プレーオフ
【ぷれーおふ】【playoff】
レギュラーシーズンの上位チームが対戦し、年度1位を決定する試合のこと。過去、プロ野球(パリーグ)で様々な方式で行われてきた。2007年からセリーグも取り入れ、クライマックスシリーズと改名された。

プレースヒット
【ぷれーすひっと】【place hit】
① 狙った場所に打ったヒット。
② 守備の弱い野手を狙って打ったヒット。

プレート
【ぷれーと】【plate】
投手板。

フレッシュリーグ
【ふれっしゅりーぐ】
【Fresh League】
九州を中心とした中学生の硬式野球連盟(九州硬式野球連盟)。

ブロック
【ぶろっく】【block】
本塁に滑り込んできた走者が先にベースタッチすることを防ぐため、捕手が体で壁を作り、ベースを踏ませないようにすること。ボールを保持しているか、捕球しようとしているかの時以外は走塁妨害になる。

プロテクター
【ぷろてくたー】
【chest protector】
　胸周りを保護する防具。捕手用、審判用がある。

プロテクター

ブロックサイン
【ぶろっくさいん】【block sign】
　ボールカウントやイニングごとにキーなどを変えるサインのことをブロックサインという。最近では、2カ所以上の組み合わせで出すサインのことをブロックサインというようになった。1回触ったらそれがサインの時は、フラッシュという。

フロリダマーリンズ
【ふろりだまーりんず】
【Florida Marlins】
　米国フロリダを本拠地にするメジャーリーグの球団。ナリーグに所属。1993年のナリーグ拡張で誕生。5年目でワールドシリーズを制覇。2003年はワイルドカードから勝ちあがり、2度目の世界一に輝いた。

フロンティアリーグ
【ふろんてぃありーぐ】
【Frontier League】
　アメリカ中西部・東海岸の独立リーグ。1993年に設立された。

フロント
【ふろんと】【front】
　球団の経営陣。

並行カウント
【へいこうかうんと】
【even the count】
　1ストライク1ボールまたは2ストライク2ボール。ストライクとボールの数が同じカウントのこと。

ボールカウント
（2ストライク）
（2ボール）

併殺
【へいさつ】
→ダブルプレイ
→ゲッツー

併殺プレイ
【へいさつぷれい】【double play】
　二つのアウトをとるためのプレイ。
→ダブルプレイ

並進運動
【へいしんうんどう】
　体重移動のこと。

ベース
【べーす】【base】
　本塁、一塁、二塁、三塁を示す物で、本塁は変則五角形のゴムで、他の塁は四角形のキャンバスで作られている。

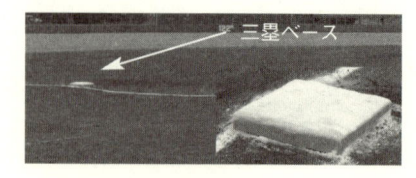

三塁ベース

ベースオンボールズ
【べーすおんぼーるず】
【base on balls/a walk】
→四球

ベースカバー
【べーすかばー】
【cover(ing) a base】
　ベールを空けないために、他の野手がそこに入ること。

ベースコーチ
【べーすこーち】【base coach】
→ランナーコーチ

ベースボールチャレンジリーグ
【べーすぼーるちゃれんじりーぐ】
【Hokushinetsu Baseball Challenge League】
　独立リーグの一つで、2007年までは北信越地方の新潟県、富山県、石川県、長野県を本拠地にしてリーグ戦を行っていた。2008年から群馬県に本拠地を置く群馬ダイヤモンドペガサスと福井県に本拠地を置く福井ミラクルエレファンツが加盟するので、北信越ベースボールチャレン

ジリーグからベースボールチャレンジリーグと改称した。また、リーグ名に命名権を導入することを決めスポンサーを募集している。(2008年1月現在)
加盟チーム
富山サンダーバーズ(富山県)、石川ミリオンスターズ(石川県)、信濃グランセローズ(長野県)、新潟アルビレックス・ベースボール・クラブ(新潟県)
2008年より参加の群馬ダイヤモンドペガサス(群馬県)と福井ミラクルエレファンツ(福井県)

ベースライン
【べーすらいん】【base line】
各塁のベースとベースを結ぶライン。

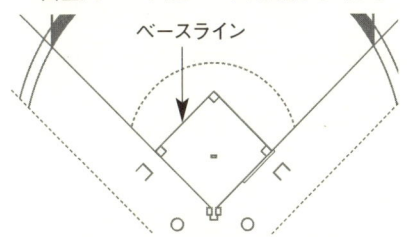

ベースランニング
【べーすらんにんぐ】
【base running】
塁間を走ること。
(例)足は速くないが、ベースランニングが上手い。

ベーブ
【べーぶ】【Babe】
① ベーブルースのような太った大きな選手。
② ジョージ・ハーマン・ルース(ベーブルース)のニックネーム。

ベーブルースの呪い
【べーぶるーすののろい】
【curse of the Bambino】
1919年のオフにボストンはベーブルースをNYヤンキースに放出。ヤンキースに移籍したベーブルースは大活躍し、ヤンキースに在籍した15年間で7度のリーグチャンピオンと4度のワールドチャンピオンに貢献した。一方、ボストンは、1918年にベーブルースが在籍していた時にワールドチャンピオンになって以来、2005年までワールドチャンピオンになれなかった。ボストンがワールドチャンピオンになれないのはベーブルースを放出したからだと言われ、「ベーブルースの呪い」と言われるようになった。
→「バンビーノの呪い」

ベストオブセブン
【べすとおぶせぶん】
【best-of-seven】
7回戦4戦先勝のこと。メジャーの地区優勝決定戦(リーグチャンピオンシップシリーズ)、ワールドシリーズや日本シリーズがこの方式で優勝を決めている。

ベストオブファイブ
【べすとおぶふぁいぶ】
【best-of-five】

5回戦3戦先勝のこと。メジャーのプレーオフ(ディビジョンシリーズ)や日本のクライマックスシリーズ(プレーオフ)のリーグ1位対2位、3位の勝者戦がこの方式で勝者を決めている。

ベストナイン
【べすとないん】【best nine】
各大会でポジションごとに最も優秀な成績をおさめた選手が選出される。プロ野球ではスポーツ記者の投票によって選出している。外野手はポジションを指定しないで三人、パリーグは最優秀指名打者も選出している。

ヘッド
【へっど】【head】
① バットの先、グリップと逆の位置。
② 頭

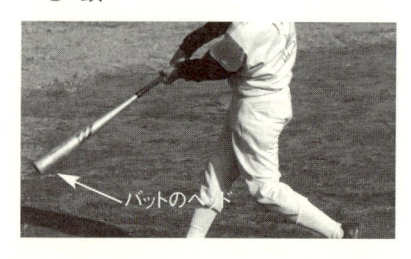

ヘッドアップ
【へっどあっぷ】
顔が上がる(上を向く)こと。バッティングのインパクト時、顔が上がってボールを見ていない時によく使う。

ヘッドコーチ
【へっどこーち】【head coach】
技術的な指導方法を含めて選手やコーチにアドバイスをするコーチ。監督には作戦面の助言も行う。

ヘッドステイバック
【へっどすていばっく】
① 上半身を投げる反投球方向へ傾けること。
② バッティングのインパクトの時に、体の重心より頭が後ろにあること。

ヘッドスライディング
【へっどすらいでぃんぐ】
【headfirst sliding】
頭の方から滑るスライディング。両腕を伸ばし、腹を中心に体全体ですべって片手でベースにタッチする。

ペッパー
【ぺっぱー】【pepper game】
→トスバッティング

ベテラン（選手）
【べてらん（せんしゅ）】【veteran】
経験の長い選手のこと。

ペナルティー
【ぺなるてぃー】【penalty】
反則行為に対し適用される規則。

ペナント
【ぺなんと】【pennant】
日本のプロ野球のリーグ戦と日本シリーズの優勝チームに贈られる三角形の優勝旗。優勝ペナントともいう。

ペナントレース
【ぺなんとれーす】【pennant race】
毎年4月から10月の期間に行われる日本プロ野球のリーグ戦。

ベルトの高さ（のボール）
【べるとのたかさ（のぼーる）】
打者にとって一番打ちやすい高低が真ん中の高さのボール。
（例）ベルトの高さのボールを狙って打て！。

ヘルメット
【へるめっと】【helmet】
頭や顔を守るためにかぶる硬い帽子。打者用、捕手用がある。

捕手用ヘルメット　打者用ヘルメット

変化球
【へんかきゅう】【breaking ball】
変化するボール。カーブ、スライダー、シュート、フォークボール、ナックルボール、パームボール、ツーシーム、カットボール、チェンジアップ、シンカーなどがある。

返球
【へんきゅう】【return throw】
捕球したボールを投げ返すこと。

変則ダブルヘッダー
【へんそくだぶるへっだー】
1日に別の2チームと1試合ずつ合計2試合、試合を行うこと。

変則投球
【へんそくとうきゅう】
【freak pitching】
多くの投手は上から（上手投げ）またはスリークオーターから流れるようなフォームで投げるが、流れるようなフォームではなく特別な動きをして投げる投球。下または横から投げる投球も変則投球という。

ベンチ
【べんち】
→ダッグアウト

ベンチウオーマー（プレーヤー）
【べんちうおーまー（ぷれーやー）】
【bench warmer/bench player】
→補欠選手

捕逸
【ほいつ】【passed ball】
→パスボール

棒球
【ぼうきゅう】
　中国、台湾で、野球のこと。中国では棒球をバンチューと読む。
【ぼうだま】
　打ちやすいボール。

防御率
【ぼうぎょりつ】
【earned run average】
　投手の1試合相当の自責点を表した数字。防御率＝（自責点÷投球回数）×9

暴投
【ぼうとう】【wild pitch】
　捕手が捕球できないところに投じられた投球により走者が進塁すること。投手の牽制球や野手の送球が逸れて打者走者や走者が進塁した時は悪送球で暴投ではない。
→ワイルドピッチ

ボーイズリーグ
【ぼーいずりーぐ】【boys league】
　財団法人日本少年野球連盟（ボーイズリーグ）。1970年発足、2008年現在、全国40支部、小・中学生の部合わせて約600チームが加盟している。

ボーク
【ぼーく】【balk】
　走者がいる時の投手の反則行為。ボークには次の項目などがある。
① 牽制する塁方向に足を踏み出さない。投手板に触れないで投球に関する動作をする。投手板に触れた状態でボールを落とす。
② クイックピッチなどの反則投球。
③ セットポジションに入り、静止している時に首から下を動かす。
④ 投手板を外さない一塁への偽投。
⑤ 投球動作を途中で止める。
⑥ 走者のいない塁に投げる。
⑦ ボールを持たないで投球に関する動作をする。
⑧ バッターに正対しないで投球する。
⑨ キャッチャーボーク（故意四球の時、キャッチャースボックスの外に足を出して構える）

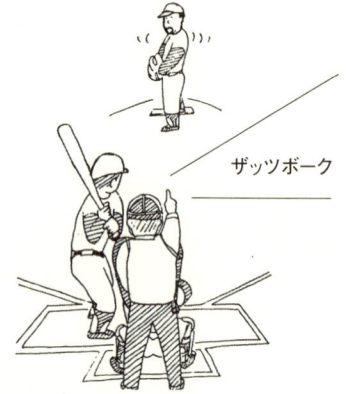

ザッツボーク

ホーマー
【ほーまー】【homer】
→ホームラン

ホーム
【ほーむ】【home】
→ホームベース

ホームイン
【ほーむいん】【cross home】
走者がホームベースを踏み、得点が入ること。

ホームグラウンド
【ほーむぐらうんど】【home ground】
① 本拠地グラウンド。
② 練習や試合でいつも使用しているグラウンド。

ホームゲーム
【ほーむげーむ】【home game】
本拠地で行う試合。攻守は後攻めになる。

ホームスチール
【ほーむすちーる】
【steal(ing) home】
本塁への盗塁。

ホームチーム
【ほーむちーむ】【home team】
後攻めのチーム。試合が行われている球場を本拠地にしているチーム。通常は一塁側を使用する。

ホームベース（プレート）
【ほーむべーす（ぷれーと）】
【home plate】
ホームベースは五角形のゴム板で作られたベースで表示されている。
→**本塁**
→**ホーム**

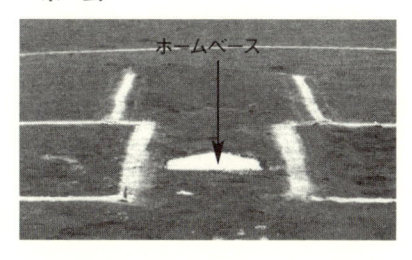

ホームラン
【ほーむらん】【home run/homer】
① フェアボールがノーバウンドで外野フェンスを越えるかファウルポールに当たったとき。
②守備側に失策がなく、打球を処理する間に、打者走者が本塁まで進塁した場合（ランニングホームラン）。
→**本塁打**
→**ホーマー**

ホームラン競争
【ほーむらんきょうそう】
プロ野球のオールスターゲームなどの試合前に、長打力のある選手がホームランの数を競う競技。

ホームランダービー
【ほーむらんだーびー】
【home run Derby】
① ホームラン王の競い合い。
② ホームランが飛び交う乱打戦。

ホームランバッター
【ほーむらんばったー】
【home run slugger/power hitter】
ホームランをよく打つ打者。

ホームランボール
【ほーむらんぼーる】
① 投球が真ん中で、ホームランを打ちやすいボール。
② ホームランになったボール。
(例)通算ホームラン記録を塗り替えたホームランボールなので高い値が付いた。

ボール
【ぼーる】【ball】
① 球。野球のボールのこと。軟式用や硬式用などがある。軟式用はA号、B号、C号、D号、H号の5種類がある。A号は一般用、B号、C号、D号は少年用ですべて中空ボール。H号は一般用で充填物が入っている。K-ball少年野球連盟が主催する大会で使用される中空のKボールもある。硬式ボールの重さは141.7～148.8g、軟式A号の重さは134.2～137.8g。Kボールは硬式と同じ重量。

硬式ボール　　Kボール　　軟式ボール

② 野球ルールで、投手が投球したボールがストライクゾーンを通らなかった時、ボールという。ボール四つでフォアボールになり一塁に進む。

ボールインプレイ
【ぼーるいんぷれい】【ball in play】
→インプレイ

ボールカウント
【ぼーるかうんと】【ball count】
一人の打者に対するストライクとボールの数

ボールデッド
【ぼーるでっど】【ball died】
デッドボールやファウルの時などのようにルールによって、プレイが止まる(続行できない)こと。
ボールデッドになるのは次の時など。ファウルボール、デッドボール、ボーク、反則打球、走塁妨害、守備妨害、ボールがマスクなどに挟まった時、アンパイアインターフェア、投球がホームスチールをしたランナーに触れた時、審判がタイムをかけた時。

ホールド(ポイント)
【ほーるど(ぽいんと)】【hold】
プロ野球の記録で、次の条件を満たす救援投手に記録される。
試合で救援出場し、下記の条件をすべて満たすこと。
① 勝利投手、敗戦投手、セーブ投手ではない。
② 最終イニングの三つ目のアウトを取った投手ではない。
③ アウトを一つ以上とる。
④ 降板時に残した走者が得点し、同点に追いつかれない。
以上の条件を満たし、リードしている状況で登板し、セーブが付く条件を一つでも満たした場合にホールドが付く。また、同点で出場し、以下のいずれかの条件を満たして降板した場合にもホールドが記録される。
① 失点を許さずに降板する(自責点が0でも失点すれば記録されない)
② 登板中に自チームが勝ち越し、リードを保って降板する。
③ 該当者が複数の場合は全員にホールドが記録される。また、勝敗に関係なく記録される(チームが逆転

負けを喫した場合でも、ホールドが記録される）。

ボールパーク
【ぼーるぱーく】【ball park】
　アメリカでは野球場のことをボールパークという。
→野球場
→スタジアム

ボールバック
【ぼーるばっく】【Ball in】
　各イニングが始まる前に、守備側が練習していたボールをベンチに戻させる時の捕手の掛け声。

ボールボーイ
【ぼーるぼーい】【ball boy】
　試合中、ファウルボールなどを拾って球審に渡す選手または係員。

ボーンヘッド
【ぼーんへっど】【bonehead play】
　単純なミス。頭を使えば防げたミス。

捕球
【ほきゅう】【catch】
　打球、投球、送球を、手またはグラブで確実につかむこと。帽子や防具で捕っても捕球にはならない。
→キャッチ

北陸大学野球連盟
【ほくりくだいがくやきゅうれんめい】
　北陸地区の大学および高等専門学校で構成されている連盟。全日本大学野球連盟の傘下で、2008年1月現在、下記の13大学および高等専門学校が加盟している。
福井工業大学、北陸大学
金沢星稜大学、福井大学
金沢大学、福井県立大学
高岡法科大学、金沢学院大学
富山国際大学、金沢工業大学
石川工業高校専門学校、富山大学
金城大学

補欠選手
【ほけつせんしゅ】
【extra/benchwarmer/bench player】
　試合に出場できず、いつもベンチに座って出番を待っている選手。
→ベンチウオーマー

捕殺
【ほさつ】【assist】
→アシスト

拇指球
【ぼしきゅう】
　足の親指の付け根の位置。バッティングやピッチングで体重を乗せる重要な場所。

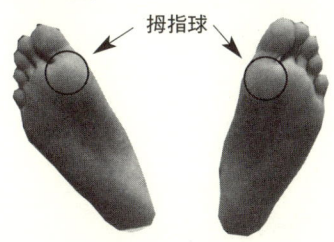

拇指球

179

ポジション
【ぽじしょん】【position】
守備位置のこと。

捕手
【ほしゅ】【catcher】
ホームベースの後方で守り、投手の投球を受ける選手。
捕手は投手や野手とは逆の方向を向いて守る。
→キャッチャー

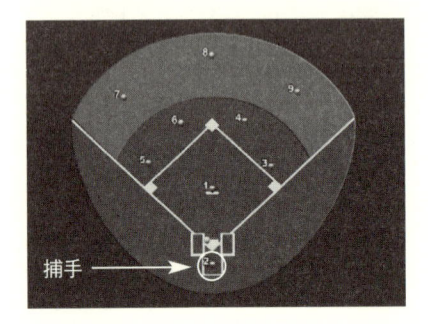

捕手線
【ほしゅせん】【catcher's line】
キャッチャースボックスを示しているライン。

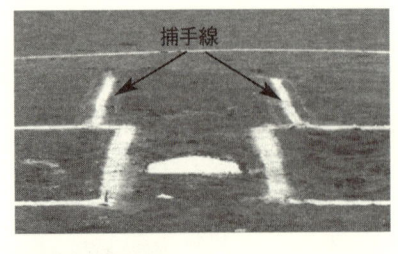

捕手の防御率
【ほしゅのぼうぎょりつ】
【CERA (catcher's earned run average)】
一人の捕手がキャッチャーをした時の防御率。

捕手妨害
【ほしゅぼうがい】
【catcher's interference】
キャッチャーの妨害。キャッチャーの打撃妨害や走塁妨害。

ボールがきていないのにブロックしているから捕手妨害

ポスティング（制度）システム
【ぽすてぃんぐしすてむ】
【posting system】
プロ野球のメジャー移籍システム。FA資格のない選手がメジャーリーグを希望し、それを球団が認めた場合に限って実施される。メジャー球団の入札により最高額の入札を行ったチームに移籍交渉権が与えられる。2007年西武の松坂投手がボストンレッドソックスにこの制度で移籍している。

ポストシーズン
【ぽすとしーずん】【postseason】
レギュラーシーズン後の公式試合。日本ではクライマックスシリーズ（プレーオフ）や日本シリーズのこと。メジャーではプレーオフ、地区優勝決定戦、ワールドシリーズのこと。

ボストンレッドソックス
【ぼすとんれっどそっくす】
【Boston Red Sox】

　米国ボストンを本拠地にするメジャーリーグの球団。アリーグに所属。1901年に誕生。1903年の第1回ワールドシリーズで優勝。2004年に86年ぶり6度目のワールドシリーズ優勝。2007年は日本の松坂大輔投手が入団し大活躍。ワールドシリーズで松井稼頭央選手所属のコロラドロッキーズに4連勝して世界一になった。

北海道学生野球連盟
【ほっかいどうがくせいやきゅうれんめい】

　北海道地区の大学で構成されている連盟。全日本大学野球連盟の傘下で、2008年1月現在、下記の14大学および短期大学が加盟している。
　旭川大学、東京農業大学生物産業学部、北海道東海大学、釧路公立大学、北海道教育大学旭川校、帯広畜産大学、函館大学、拓殖大学北海道短期大学、室蘭工業大学、北見工業大学、北海道教育大学函館校、苫小牧駒澤大学、はこだて未来大学、北海道大学水産学部

北海道日本ハムファイターズ
【ほっかいどうにっぽんはむふぁいたーず】
【Hokkaido Nippon-Ham Fighters】

　日本のプロ野球球団。パリーグに所属し、北海道札幌ドームを本拠地にしている。ファーム（二軍）はファイターズスタジアム（千葉県鎌ケ谷市）を本拠地にしている。1946年セネタースとして創立。その後、球団経営が替わり、チーム名も 東急フライヤーズ、急映フライヤーズ、東映フライヤーズ、日拓ホームフライヤーズと変わっていったが、1973年に日本ハムファイターズとなった。本拠地は読売ジャイアンツと同じ後楽園球場、東京ドームであったため日程的に不利があった。2004年に本拠地を札幌ドームに移し、チーム名も日本ハムファイターズから北海道日本ハムファイターズに改称した。2006年、44年ぶりの日本一になり、アジアシリーズでも優勝して、アジア王者となった。2007年もパリーグ優勝したが、日本シリーズで中日ドラゴンズに敗れた。2007年までの戦績は、リーグ優勝4回、日本シリーズ優勝2回、セ・パ交流戦優勝1回、アジア王座1回。

ボックス
【ぼっくす】【box】

　バッターボックス、ネクストサークルボックス、キャッチャースボックスなどグラウンド内の指定された場所。

ボックスシート
【ぼっくすしーと】【box seat】

　バックネット裏などグラウンドに近い観客席（入場料が高い）。

ボックススコア
【ぼっくすこあ】【box score】

　野球の成績を表にしたもの。チームの勝敗やゲーム差を表にしたもの。また、打数、安打、打点、ホームランなどを集計して表にした打撃成績一覧や投球回数、勝敗数、自責点、防御率などを集計して表にした投手成績一覧など。

没収試合
【ぼっしゅうじあい】
【forfeited game】
　試合放棄などにより試合を没収されること。没収された方が0対9で負けになる。
→フォーフィッテッドゲーム

ホットコーナー
【ほっとこーなー】
【hot corner】
　三塁手。右打者の強烈な打球が飛んでくるのでホットコーナーと呼ばれるようになった。

ホップ
【ほっぷ】【hop】
　ボールが伸びて浮き上がること。実際にボールがホップすることはないが、伸びるボールはホップしたように見える。

ポップフライ
【ぽっぷふらい】【pop fly】
　だれでも捕れる平凡なフライ。
→イージーフライ
→凡フライ

ぼてぼての当たり
【ぼてぼてのあたり】【nubber】
　当たりそこねの弱い打球のゴロ。

ポテンヒット
【ぽてんひっと】
【texas leaguer's hit】
→テキサス(リーガーズ)ヒット

ボトムハンド
【ぼとむはんど】
　バットを握るとき、下の方(グリップエンドに近い方)の手のこと。

ポニーリーグ
【ぽにーりーぐ】【pony】
　日本ポニーベースボール協会。硬式ボールを使用する中学生と小学校高学年の野球リーグ。日本では昭和50年に誕生し、日本ポニーリーグ野球協会が結成された。昭和51年、小学校高学年を対象として、ブロンコリーグが生まれ、昭和53年に日本ポニーベースボール協会に改称。投手板から本塁まで17.41m、塁間25.84m、本塁、二塁間36.50mでリトルシニアやボーイズと比較して距離が短い。

ボルティモアオリオールズ
【ぼるてぃもあおりおーるず】
【Baltimore Orioles】

米国ボルティモアを本拠地にするメジャーリーグの球団。アリーグに所属。1901年に誕生。1954年にボルチモアへ移転し、オリオールズと改名した。1966年、1983年にワールドシリーズを制覇。1995年には、カル・リプケンが2,130試合の連続試合出場記録を更新した。

ホワイトソックス八百長事件
【ほわいとそっくすやおちょうじけん】
【Black Sox Scandal】
1919年のワールドシリーズでホワイトソックスが起こした八百長事件。「ブラックソックス事件」と呼ばれている。圧倒的に強いはずのホワイトソックスが八百長で敗退したということで、8人の永久追放選手を出した。映画「フィールドオブドリームス」などでモデルとされた。

本格派
【ほんかくは】
オーバーハンドから投げる速球投手のこと。

本拠地球場
【ほんきょちきゅうじょう】
【friendly confines】
本拠地(ホーム)にしている野球場。

凡打
【ぼんだ】
平凡な打球を打ちアウトになること。新聞や雑誌では「投ゴ」「ニゴ」「右直」「左飛」などのように略字で掲載されることが多い。「ニゴ」はセカンドゴロ、「左飛」はレフトフライのこと。

凡フライ
【ぼんふらい】
→イージーフライ

本塁
【ほんるい】
→ホームベース

本塁打
【ほんるいだ】
→ホームラン

ま

毎回得点
【まいかいとくてん】
　全てのイニングで得点を挙げること。

マイナーリーグ
【まいなー・りーぐ】
【minor league】
　メジャーリーグ傘下の育成リーグのこと。AAA(トリプルA)、AA(ツーA)、A(ワンA)、ルーキーリーグがある。

マウンド
【まうんど】【mound】
　ピッチャーが投球する場所で、周囲の場所より高くなっていて、中央部に投手板がある。ピッチャーマウンドともいう。

マウンドを降りる
【まうんどをおりる】
→降板

魔球
【まきゅう】
　特別な変化をする普通では打てないボール。マンガの世界でしか投げられないボール。
　(例)消える魔球。

負け越し
【まけこし】
　勝ち数より負け数の方が多くなること。

負け投手
【まけとうしゅ】
→敗戦投手

真下投げ
【ましたなげ】
　ボールを真下の地面に投げること。真っすぐ高く上がるかどうかを見て、投げ方の良し悪しを判断する。

マジック(ナンバー)
【まじっく(なんばー)】
【magic number】
　優勝するための数字で、優勝争いの対象チームに全敗しても、対象外チームに勝利すれば優勝が決まる勝ち数。

マスカットスタジアム
【ますかっとすたじあむ】
→岡山県倉敷スポーツ公園野球場

マスク
【ますく】【mask】
　キャッチャーや審判が顔につける防具。
→面

キャッチャーマスク

マスコットバット
【ますこっとばっと】
【weighted bat】
　素振り用の重量が重いバット。実打できるバットもある。公式戦では使用できないが、アマチュア野球では各連盟の規約によって使用できる場合もある。

まっスラ
【まっすら】
　変化球の一つで、ストレートとスライダーの間のボール。右打者側から見ると、ストレートと同じように真っすぐきて、打者の手元で外に小さく逃げる。

マッドボール
【まっどぼーる】【madball】
　泥を付けたボール。泥を付けて投げると反則投球になる。

松山中央公園野球場
【まつやまちゅうおうこうえんやきゅうじょう】【Matsuyama Central Park Baseball Stadium/(Botchan Stadium)】
　愛媛県松山市にある球場。愛称坊っちゃんスタジアム。両翼99.1m、中堅122m。外野は天然芝球場。プロ野球の公式戦にも使用され、2002年には日本プロ野球のオールスターゲームも開催された。四国アイランドリーグの愛媛マンダリンパイレーツが本拠地として使用している。また、アマチュアの大会などでも使用されている。
所在地
愛媛県松山市市坪西町625-1（松山中央公園内）

マネージャー
【まねーじゃー】【manager】
①　監督。グラウンド内でのチームの行動に責任を持ち、審判や相手チームと協議することをクラブから指定された人。選手がマネージャーでもよい。
②　日本の学生野球では、試合や練習の準備、試合の記録、選手の世話などを行う人のことで、女子がほとんど（女子マネージャー）。

マルチヒット
【まるちひっと】【multi hits】
　一人の選手が、1試合で2本以上のヒットを打つこと。

満塁
【まんるい】
→フルベース

満塁ホームラン
【まんるいほーむらん】
【grand slam】
　走者が一塁、二塁、三塁のそれぞれにいる時のホームラン。4得点が入る。

ミーティング
【みーてぃんぐ】

打ち合わせ。会議。作戦や戦術などに関する打ち合わせを監督、コーチだけで行うスタッフミーティングや選手も含めた全体ミーティング、選手だけで行うミーティングなどがある。

ミート
【みーと】【meet】

→ジャストミート

ミート打法
【みーとだほう】

バットを短く握り、バットの芯に当てることを考えてスイングする打ち方。単打狙いのバッティング。

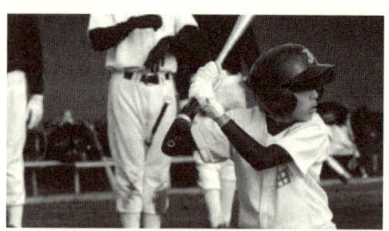

バットを短く握って単打狙いのバッティング

ミートポイント
【みーとぽいんと】

投手が投球してきたボールをバットでとらえるポイント。正しいミートポイントは高低、内外角で異なる。

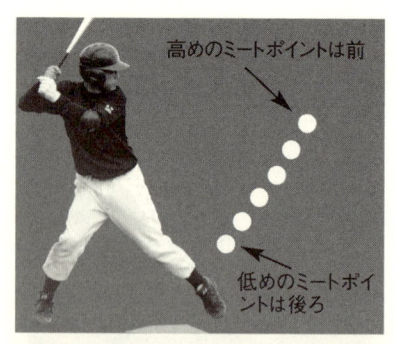

高めのミートポイントは前
低めのミートポイントは後ろ

インコースのミートポイントは前
アウトコースのミートポイントは後ろ

見送り
【みおくり】

投手が投球したボールを打者が打たないこと。

→見逃し

見送りの三振
【みおくりのさんしん】
【called out looking】

スリーストライク目をスイングしないで三振すること。

→見逃し三振

右打ち
【みぎうち】

→右バッター

右投手
【みぎとうしゅ】
【right-handed pitcher】
　右投げの投手。

右投げ
【みぎなげ】
　右手でボールを投げる選手。

右バッター
【みぎばったー】
　右打席で打撃を行う打者。
→右打ち

ミスジャッジ
【みすじゃっじ】
　審判の間違った判定。
→誤審

ミスターオクトーバー
【みすたーおくとーばー】
【Mr.October】
　ポストシーズンで活躍する選手。

ミスターベースボール
【みすたーべーすぼーる】
【Mr.Baseball】
　① プロ野球を代表する第一人者のこと。元読売ジャイアンツの長嶋茂雄のことをミスターベースボールまたはミスタージャイアンツと呼んでいる。
　②日本にトレードされたメジャー選手の活躍を描く映画のタイトル。

ミット
【みっと】【mitt】
　捕手や一塁手がボールを捕球する道具。
→キャッチャーミット
→ファーストミット

ミドルバランス
【みどるばらんす】
　中央にバランスがあること。

南東北大学野球連盟
【みなみとうほくだいがくやきゅうれんめい】
　南東北（山形、福島、宮城）の大学で構成されている連盟。全日本大学野球連盟の傘下で、2008年1月現在、下記の11大学が加盟している。東日本国際大学、石巻専修大学、日本大学工学部、山形大学、福島大学、いわき明星大学、東北公益文科大学、宮城大学、山形大学工学部、会津大学、奥羽大学

ミニキャンプ
【みにきゃんぷ】【minicamp】
　短期間、一定の宿泊所に滞在して野球の練習をすること。

ミネソタツインズ
【みねそたついんず】
【Minnesota Twins】
　米国ミネソタを本拠地にするメジャーリーグの球団。アリーグに所属。1901年に誕生。1924年ワールドシリーズ初制覇。1961年にミネソタに移転しツインズと改名。1987年にもワールドシリーズを制覇した。

見逃し
【みのがし】
→見送り

見逃し三振
【みのがしさんしん】
→見送り三振

宮古島市民球場
【みやこじましみんきゅうじょう】
【Miyakojima Municipal Baseball Stadium】
　沖縄県宮古島市にある野球場。両翼97.6m、中堅122m。オリックス・バファローズが春の一次キャンプで使用している。
所在地
　沖縄県宮古島市平良字西仲宗根1574-1

宮崎県総合運動公園硬式野球場
【みやざきけんそうごううんどうこうえんこうしきやきゅうじょう】
【Sun Marine Stadium Miyazaki】
　宮崎市にある球場。両翼100m、中堅122m。内外野とも天然芝球場。読売ジャイアンツが春のキャンプに使用している。愛称「サンマリン」は、当時、読売ジャイアンツの監督だった長嶋茂雄氏が命名した。宮崎県営野球場とも呼ばれている。2006年にオールスターゲームが開催された。
所在地
　宮崎県宮崎市大字熊野1443-12（宮崎県総合運動公園内）
→サンマリンスタジアム

宮崎市生目の杜運動公園野球場
【みやざきしいきめのもりうんどうこうえんやきゅうじょう】
【Miyazakilkime no Mori Ivy Stadium】
　宮崎市にある球場。愛称アイビースタジアム。両翼100m、中堅122m。外野は天然芝球場。ソフトバンクホークスが春のキャンプに使用している。また、高校野球や社会人野球でも使用している。
所在地
　宮崎県宮崎市大字跡江4461-1（宮崎市生目の杜運動公園内）

ミルウォーキーブルワーズ
【みるうぉーきーぶるわーず】
【Milwaukee Brewers】
　米国ミルウォーキーを本拠地にするメジャーリーグの球団。ナリーグに所属。1969年、アリーグ拡張時にシアトルパイロッツとして創設。翌年、ミルウォーキーに移転、ブルワーズに改名。1982年に一度だけワールドシリーズに出場。1998年のリーグ拡張で、アリーグからナリーグに加盟。

無安打無得点試合
【むあんだむとくてんじあい】
【no-hit no-run game/no-hitter】
→ノーヒットノーラン

ムービングファストボール
【むーびんぐふぁすとぼーる】
【moving fastball】
ボールの縫い目に指をかけないで投げる変化球の一つ。打者の手元で少しだけ変化する。

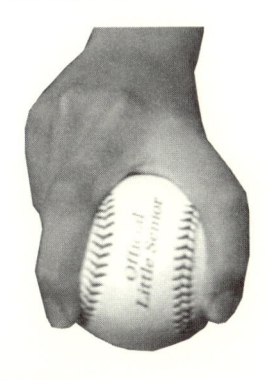

迎えに行く
【むかえにいく】
打者がボールを打つ時、ポイントまで待ちきれずに前に行くこと。

無効試合
【むこうじあい】【no game】
5回終了時点で試合は成立する（後攻めのチームが勝っていれば5回の表終了時点）が、天候その他の理由で成立しなかった試合のこと。
→ノーゲーム

無死
【むし】【no down】
→ノーダウン
→ノーアウト

無失策
【むしっさく】【errorless】
エラーが一つもないこと。

無得点
【むとくてん】【goose egg】
得点がゼロのこと。

	1	2	3	4	5	6	7	8	9	計
Aチーム	0	0	0	1	0	0	0	1	0	2
Bチーム	0	0	0	0	0	0	0	0	0	0

↑
無得点

名球会
【めいきゅうかい】
　日本のプロ野球で活躍したOB選手が中心になって設立した任意団体。プロ野球の公式戦で通算2,000本安打を打った野手と、通算200勝または通算250セーブをあげた投手が名球会入りできる(2003年の総会でメジャーでの記録も通算されることになった)。
　少年野球教室など野球の普及、発展のための活動を行っている。

明治神宮野球大会
【めいじじんぐうやきゅうたいかい】
　昭和45年に明治神宮鎮座50年を記念して開催された。第3回大会までは大学だけの開催だったが、第4回大会から高校の部ができた。9地区と東京の秋季大会優勝校が出場し、日本一を決める大会となっている。主催は日本学生野球協会。
→日本学生野球協会

明治神宮野球場
【めいじじんぐうやきゅうじょう】
【Meiji Jingu Stadium】
　東京都の明治神宮外苑にある球場。東京ヤクルトスワローズの本拠地。東京六大学野球、東都大学野球、東京の高校野球大会の他、全日本大学野球選手権大会、明治神宮野球大会、日米大学野球選手権大会、社会人野球大会などアマチュアの大会にも使用されている。2008年2月までに両翼91mから101mに改修される予定。
所在地
東京都新宿区霞ヶ丘町3-1

名選手
【めいせんしゅ】【banana】
① 野球が上手な選手。
② 過去に活躍した選手。
(例)歴史に残る名選手。

命名権
【めいめいけん】【naming right】
　野球場に企業名を付ける権利のこと。高い費用が必要。

メークドラマ
【めーくどらま】
　1995年、読売ジャイアンツの長嶋茂雄監督が、逆転優勝を信じて使った言葉。大逆転をすることを意味している。

メガホン
【めがほん】
　声が拡散しないように作られている丸い筒状の道具。先の方が大きくなっている。

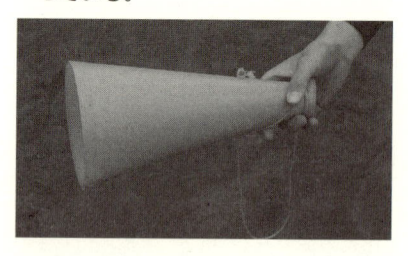

メジャーリーグ
【めじゃーりーぐ】【Major League】
→大リーグ
→MLB

面
【めん】
→マスク

メンタルトレーニング
【めんたるとれーにんぐ】
　精神力を強めるためのトレーニング。

メンバー表
【めんばーひょう】【lineup card】
　試合に出場するメンバーが記入してある一覧表。打順とポジションが記入され、試合前に両チームが交換する。

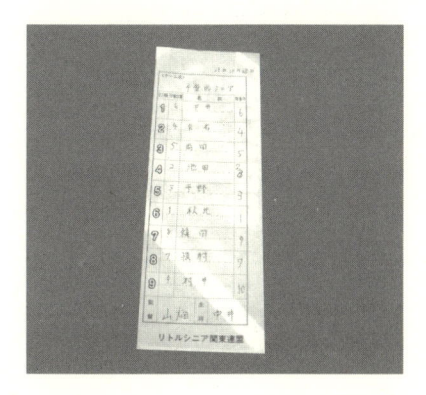

猛打
【もうだ】【explode/ shelling】
　攻撃力があり、ヒットを重ねること。

猛打賞
【もうだしょう】【three-hit】
　1人の選手が、一試合に3本以上のヒットを打つこと。

モーション
【もーしょん】【motion】
　野球の動作。

持ち球
【もちだま】
　投手が投げられるボールの種類。

野球
【やきゅう】【baseball】
監督が率いる9人以上の選手で構成される二つのチームが、公認野球規則に従って行う競技。
→ベースボール

野球肩
【やきゅうかた】
【baseball shoulder】
ボールの投げ過ぎや投げ方が悪いために起きる肩の障害のこと。

野球場
【やきゅうじょう】【ball park】
野球をするグラウンド。
投手板から本塁まで18.44m、塁間は27.431m。
少年学童部は投手板から本塁までが16m、塁間が23m。
→ボールパーク
→競技場
→球場

野球センス
【やきゅうせんす】
【baseball sense】
野球のプレイに対する動きや反応のこと。

(財)野球体育博物館
【やきゅうたいいくはくぶつかん】
東京ドーム内にある野球専門博物館。野球殿堂入りした人々の肖像が飾ってある。また野球の歴史資料なども多数展示してある。

野球殿堂
【やきゅうでんどう】
主にプロ野球で活躍をした選手、監督、コーチや野球発展に大きく貢献した人を称えるために作られた殿堂のこと。

(アメリカ)野球殿堂博物館
【やきゅうでんどうはくぶつかん】
【National Baseball Hall of Fame and Museum】
ニューヨーク州クーパーズタウンにある野球専門の博物館。

野球に連れていって
【やきゅうにつれていって】
【Take Me Out to the Ball Game】
メジャーリーグの試合では、7回表の攻撃が終わると、観客全員総立ちで「Take Me Out to the Ball Game」の大合唱で盛り上がる。

野球発祥の地
【やきゅうはっしょうのち】
日本で初めて野球が行われた場所。東京都千代田区神田神保町1丁目。

野球ヒジ
【やきゅうひじ】
【baseball pitcher's elbow】
　野球のボールを投げ過ぎたり、投げ方が悪いために壊したヒジのこと。靭帯がはがれたり、骨が遊離することがある。

野球帽
【やきゅうぼう】【baseball cap】
　野球用の帽子。野球の試合ではチーム全員が同じ配色、同じマークの帽子をかぶらなければならない。

野球帽

野球ママ
【やきゅうまま】【baseball mother】
　練習や試合の送り迎えや練習時のお茶出し、試合の応援など子供の野球を熱心に応援する母親。

野球用の靴
【やきゅうようのくつ】
【ball-shoe/ baseball shoe】
　野球用のスパイク。人工芝用と土のグラウンド用がある。土のグラウンド用は靴底に金属の歯があり、滑らないよう、また、土に食い込み、どの方向にも動けるように作られている。少年野球用はけがを防ぐため、金属ではなくゴムになっている。
→スパイクシューズ

野次（ヤジ）
【やじ】
　選手や審判などにクレームを付けたり、けなしたりすること。中傷すること。野次は一般的には選手や審判をけなすことだが、時には球場全体を笑わせるようなユーモラスな野次もある。

やじ将軍
【やじしょうぐん】【jockey】
　いつも大きな声で選手や審判などにクレームを付けたり、けなしたりするコーチや選手や観客のこと。

野手
【やしゅ】【fielder】
　投手以外のポジションを守る選手のことで、捕手、一塁手、二塁手、三塁手、遊撃手、左翼手、中堅手、右翼手のこと。

野手グラブ
【やしゅぐらぶ】【fielder's glove】
　野手用のグラブ。捕手用はキャッチャーミット、ファースト用はファーストミットがある。野手用も内野手用と外野手用があり、内野手用はサード用、ショート用、セカンド用とそれぞれのポジション別のグラブがある。

野手選択
【やしゅせんたく】
【fielder's choice】
→フィルダースチョイス

野手優先
【やしゅゆうせん】
　守備が優先されること。打球に対する最初の守備が走塁より優先される。

野選
【やせん】
→フィルダースチョイス
→野手選択

矢のような
【やのような】
　弓の矢のような、鋭い真っすぐな打球または送球。

ヤマを張る
【やまをはる】
【guess hitter（やまをはる打者）】
　投球を予測し決めつけ、そのボールをねらうこと。コースにヤマを張る打者と球種にヤマを張る打者がいる。
（例）カーブにヤマを張る。

ヤングリーグ
【やんぐりーぐ】【young league】
　正式名称は特定非営利活動法人全日本少年硬式野球連盟。1993年のボーイズから独立した中学生の硬式野球の団体で近畿、中国地方を中心に百チーム以上が加盟している。リトルシニアやボーイズリーグと違い、他リーグとの練習試合や大会を行っている。

遊撃手
【ゆうげきしゅ】【short/shortstop】
　内野手の一人で、二塁ベースと三塁ベースの間で守る選手。
→ショート（ストップ）

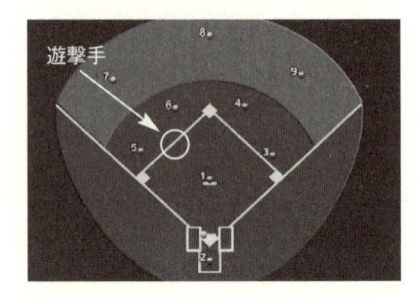

ユーティリティープレーヤー
【ゆーてぃりてぃーぷれーやー】
　どのポジションでも守れる選手。

ユニフォーム
【ゆにふぉーむ】
　野球をする時に身につける上着（半袖シャツ）とズボン。同じチームの監督、コーチ、選手は、同色、同形、同デザインのユニフォームを着ることと、連盟登録の背番号をつけることが義務づけられている。

ユニフォームを脱ぐ
【ゆにふぉーむをぬぐ】
　引退すること。

予告ホームラン
【よこくほーむらん】【called shot】
打つ前にホームランを予告し、予告どおりホームランを打つこと。

横浜スタジアム
【よこはまスタジアム】
【Yokohama Stadium】
神奈川県横浜市にある野球場。横浜ベイスターズの本拠地。両翼94m、中堅118m。人工芝球場。高校野球や大学野球のアマチュアの大会にも使用される他、アメフトの試合にも使われている。
所在地
神奈川県横浜市中区横浜公園無番地

横浜ベイスターズ
【よこはまべいすたーず】
【Yokohama BayStars】
日本のプロ野球球団。セリーグに所属し、横浜スタジアムを本拠地にしている。ファーム（二軍）の球団名は湘南シーレックスで横須賀スタジアムを本拠地にしている。1950年大洋ホエールズとして創立。その後、チーム名も大洋松竹ロビンス、洋松ロビンス、大洋ホエールズ、横浜大洋ホエールズになり、1993年から現在の横浜ベイスターズになった。1960年、前年最下位からリーグ優勝し、日本シリーズにも勝って日本一になった。2007年までにリーグ優勝2回、日本シリーズ優勝2回。

与四球
【よしきゅう】【bases on balls (BB)】
投手が与えた四球。

与四死球
【よししきゅう】
投手が与えた四球と死球の合計。

四人制審判
【よにんせいしんぱん】
4人の審判で試合をジャッジすること。四人制のメカニクスがある。

球審 　　　一塁塁審

二塁塁審 　　三塁塁審

読売ジャイアンツ
【よみうりじゃいあんつ】
【Yomiuri Giants】
日本のプロ野球球団。セリーグに所属し、東京ドームを本拠地にしている。ファーム（二軍）は川崎市多摩区のよみうりランド内にある読売ジャイアンツ球場を本拠地にしている。1934年大日本東京野球倶楽部として創立。1935から東京巨人軍、1952から現在の読売ジャイアンツに改称された。日本で最も伝統と歴史のある球団で、1965～1973年までの9連覇（日本一）など優勝回数も最多。2007年までにリーグ優勝40回、日本シリーズ優勝20回を記録している。

四番打者
【よんばんだしゃ】【clean up】
　チームで一番の強打者が起用される。最強打者の代名詞。

四一六一三
【よんろくさん】
　セカンドゴロの打球を、二塁手が捕球し、二塁ベースに入った遊撃手に送球し、送球を受けた遊撃手から一塁ベースに入った一塁手へ転送されること。
（例）四一六一三のダブルプレイ

四割打者
【よんわりだしゃ】
　打率が4割を超える打者のこと。

ライト（フィルダー）
【らいと（ふぃるだー）】
【right fielder】
→右翼手

ライトオーバー
【らいとおーばー】
【over the right fielder('s head)】
　ライト（右翼手）の頭を越す打球のこと。

ライト線
【らいとせん】【right field line】
　本塁から一塁ベースの延長線上に引かれたライン。
（例）ライト線のヒット。

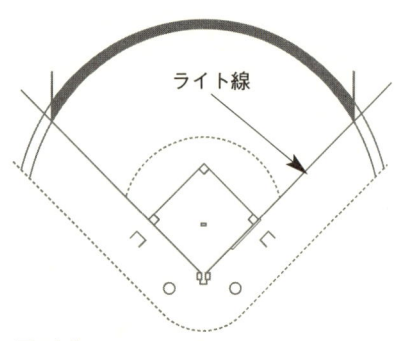

ライナー
【らいなー】【line drive】
　バウンドせず、地面とほぼ平行に進むような鋭い打球。
→ラインドライブ

ライブボール
【らいぶぼーる】【live ball】
　インプレイのボール。

ライン
【らいん】
① バッターボックスやファウルラインに引いてある白い線。
② 外野手、中継に入った内野手、捕手を結んだ線(外野手からの返球など)。

ラインアウト
【らいんあうと】【line-out】
野手のタッチを避けようとしてスリーフィートラインをオーバーした時。

ラインアップ(ラインナップ)
【らいんあっぷ】【line up】
試合に出場する選手の守備位置と打順のこと。
→オーダー

ラインドライブ
【らいんどらいぶ】【line drive】
→ライナー

楽勝
【らくしょう】
余裕を持って勝つこと。大差で勝つこと。

ラストボール
【らすとぼーる】【decision pitch】
2ストライク3ボールから投げる投球のこと。

落下地点
【らっかちてん】
ボールが落ちてくる地点。

ラッキーセブン
【らっきーせぶん】【lucky seventh】
7はラッキーであるとされるため「ラッキーセブン」と言われるようになった。日本のプロ野球では、7回の攻撃前にジェット風船を飛ばしたりして大きく盛り上がる。メジャーでは、本拠地チームの7回の攻撃前に「seventh-inning stretch」と呼ばれる休憩や「Take Me Out To the Ball Game(わたしを野球に連れてって)」を歌うことが恒例となっている。

	1	2	3	4	5	6	7	8	9	計
Aチーム	0	0	0	0	1	0	0			1
Bチーム	0	0	0	1	0	0				1

↑ラッキーセブン

ラッキーゾーン
【らっきーぞーん】【lucky zone】
外野フェンスの前に作られたフェンスで囲まれている場所。打球が直接この位置に入ればホームランになる。甲子園球場では1947年から1991年まで、ホームランが出やすくするためにラッキーゾーンが設けられ、この間に、プロ野球や高校野球でラッキーゾーンに落ちる多くのホームランが記録された。

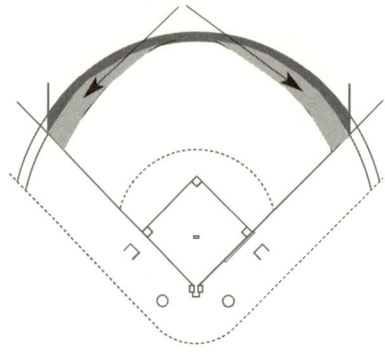

落球
【らっきゅう】【drop】
ボールを捕球できず落としてエラーすること。

ラフプレイ
【らふぷれい】【rough play】
乱暴で危険なプレイ。

ラン
【らん】【run】
得点のこと。攻撃側のプレーヤーが打者から走者になり、一塁、二塁、三塁を回って本塁に達した場合に与えられる得点。

ランエンドヒット
【らんえんどひっと】【run and hit】
投球と同時に走者が走り、その状況を見て打者が攻撃をすること(ヒットエンドランと同じではない)。

ランズバッテッドイン
【らんずばってっどいん】
【runs batted in】
→打点

ランダウンプレイ
【らんだうんぷれい】
【rundown play】
→挟殺プレイ
→挟撃プレイ

乱打戦
【らんだせん】
　点を取り合う試合。お互いに大量点を取る打撃戦のこと。

	1	2	3	4	5	6	7	8	9	計
Aチーム	0	2	0	3	2	0	1			8
Bチーム	1	0	3	1	0	2	0			7

ランナー
【らんなー】【runner】
→走者

ランニングキャッチ
【らんにんぐきゃっち】
【running catch】
　走りながら捕球すること。

ランニングスロー
【らんにんぐすろー】
　走りながら投げること。

ランニングホームラン
【らんにんぐほーむらん】
【inside-the-park homer】
　フェンスをオーバーしない打球を、守備側の失策がなく、処理している間に、打者走者がダイヤモンドを一周し本塁に生還したホームランのこと。

守備に関する略語

略字	用語
IF	内野手
OF	外野手
POS	守備位置
A	捕殺
DP	ダブルプレー
E	エラー
FC	野選
LOB	残塁
PB	パスボール
CCS	盗塁阻止（捕手）
Pct.	盗塁阻止率（捕手）
PO	刺殺
TP	トリプルプレー
その他	
INN	イニング（回）
No	背番号
Ht.	身長
Wt.	体重
Born	生年月日
Str	連勝又は連敗
W-3	3連勝
L-2	2連敗
B/T	打ち方／投げ方
	(B/T=bats/throws)
R/R	右打ち右投げ
L/L	左打ち左投げ
B/R	左右打ち右投げ
	(Bはboth、スイッチヒッター)

リーガリー
【りーがりー】【legal/legally】
→リーガル

リーガル
【りーがる】【legal/legally】
野球規則に準拠したこと。
→リーガリー

リーグ戦
【りーぐせん】
【round robin tournament】
総当たり戦のこと。プロ野球のペナントリーグ戦、大学野球のリーグ戦などがある（通常の意味からいえば、リーグに加盟しているチームの試合はリーグ戦だが、日本ではトーナメント戦は勝ち上がりで、リーグ戦は総当たりが一般的になっている）。

リーグ（優勝決定戦）チャンピオンシップシリーズ
【りーぐ（ゆうしょうけっていせん）ちゃんぴおんしっぷしりーず】
【League Championship Series】
アリーグとナリーグのリーグ優勝決定戦。両リーグとも、地区優勝チームと各地区2位チームで勝率が一番高いチーム（ワイルドカード）で地区シリーズ（ディビジョンシリーズ）を行い、その勝者（2チーム）が試合をしてリーグ優勝を決定する。7回戦4戦先勝で優勝が決定する。

リーディングヒッター
【りーでぃんぐひったー】
【leading hitter】
→首位打者

リード
【りーど】
① 試合進行中、相手より多く得点していること。
→アヘッド
② 走者がベースを離れ、ベースからの距離をとること。

リードオフマン
【りーどおふまん】【lead-off man】
① 一番打者。
②先頭に立ちチームを引っ張っていく選手。

リストバンド
【りすとばんど】
手首を保護する防具。野球の場合、手首への死球やスイング時の手首保護として使用される他、選手のアピール用の装飾品としても使用されている。

リタッチ
【りたっち】【retouch】
走者が帰塁してベースに戻ること。飛球を捕球したのを確認した後、次の塁へ進む時にリタッチ（タッチアップ）する。
→タッチアップ

リトルリーグ
【りとるりーぐ】【Little League】

（財）全日本リトル野球協会のリトルリーグ委員会（9歳から12歳までの小学生の硬式野球だが、中学一年生でも誕生日が5月以降なら夏まで公式戦に出場できる）。全日本リトル野球協会内にはシニアリーグ委員会（中学生の硬式野球）もあり同組織になっている。リトルリーグの国際本部はアメリカにあり、全日本リトル野球協会がその組織に加盟している。リトルリーグは、1939年、ウィリアムスポート在住のカール・ストッツが、近所の子どもたちでチームを結成したのが始まりで、1947年に第1回の世界選手権が開催された。今では100を超える国と地域で、約7,000リーグ300万人が参加している。日本では1955年ごろから活動が始まり、全国的な組織として発展している。試合は6イニング制で硬球を使用している。

リバースフォースダブルプレイ
【りばーすふぉーすだぶるぷれい】
　第一アウトがフォースプレイで、第二アウトが、フォースプレイされるはずの走者がタッチプレイでアウトになったダブルプレイのこと。例えば一死、走者一塁で一塁ゴロ、一塁手が一塁ベースを踏んで二塁に送球し、二塁ベースに入った遊撃手が一塁走者にタッチしてアウトにした場合など。

リリースポイント
【りりーすぽいんと】【release point】
　ボールを投げるとき、ボールを離すポイントのこと。

リリーフ
【りりーふ】【relief】
　救援投手のこと。救援投手は、一人の打者をアウトにするか、打者が一塁に達するか、またはスリーアウトになるまで投げなくてはいけない。スリーアウトにならなくて、一人の打者とも対戦しないで救援の救援を出すことは認められていない。
→救援

リリーフエース
【りりーふえーす】【closer/ fireman】
　救援投手の中で、一番優秀な投手のこと。勝ち試合の最後を締めくくる。

リリーフカー
【りりーふかー】【relief truck】
　プロ野球などで救援投手がマウンドに向かうとき乗ってくる車のこと。

リリーフ投手陣
【りりーふとうしゅじん】
【bullpen squad】
　救援投手のスタッフ。

り｜る

リリーフピッチャー
【りりーふぴっちゃー】
【relief pitcher/ fireman】
→救援投手

リリーフポイント
【りりーふぽいんと】
　日本プロ野球で、リリーフ投手の貢献度を評価するために設けられ、セ・リーグで採用されたが、ホールドに比べ計算が難しいこと、両リーグで評価が違ってくることから2004年までで廃止された。

離塁
【りるい】
　走者がベースから離れること。

リレー
【りれー】【relay】
　つなぐこと。中継。投手を交代させ、数人で一試合を終わらせることを投手リレーという。また、外野から本塁への送球を内野手が中継することをリレーともいう。

臨時代走
【りんじだいそう】
→コーティシーランナー

塁
【るい】【base】
　本塁、一塁、二塁、三塁がある。本塁は五角形のゴム板で作られたベースで表示。一塁、二塁、三塁は、白のキャンバスバッグで作られたベースで表示。

塁審
【るいしん】【base umpire】
　各塁の近くにいて、プレイの判定をする審判。

塁打（数）
【るいだ（すう）】【total bases】
　ヒットによって得た塁打数。単打は1、二塁打は2、三塁打は3，ホームランは4。

ルーキー
【るーきー】【rookie】
　新人選手のこと。

ルールブック
【るーるぶっく】
【official baseball rules】
→公認野球規則

レイトコッキング
【れいとこっきんぐ】【late cocking】
　前足が着地してから、投球する方の肩が最も外側になるまで。
（117頁参照）

レインチェック
【れいんちぇっく】【raincheck】
　雨天順延用半券。大リーグの試合観戦チケットは、通常、雨のため試合が中止になった時は「レインチェック」が発行される。このチケットは、次の機会の振り替え分として使用できる。

レガース
【れがーす】【shin guard】
　捕手や審判が足につける防具。

レガース

レギュラーシーズン
【れぎゅらーしーずん】
【regular season】
→ペナントレース

レギュレーションゲーム
【れぎゅれーしょんげーむ】
【regulation game】
　正式試合。

レッグガード
【れっぐがーど】【leg guard】
→レガース

レッグクッション
【れっぐくっしょん】
　捕手用腿当て。捕手がヒザを痛めないよう、足の後ろ側に着けるクッション。

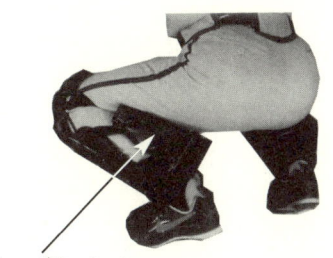

レッグクッション

レッドシャツ
【れっどしゃつ】
　アメリカの学生野球で登録メンバーから外れた選手。けがや体調不良などの選手に代わっての出番を待っている選手。

レフト（フィルダー）
【れふと（ふぃるだー）】【left fielder】
→左翼手

レフトオーバー
【れふとおーばー】
【over the left fielder('s head)】
　左翼手(レフト)の頭を越す打球。

レフトオンベース
【れふとおんべーす】
【left on base】
　→残塁

レフト線
【れふとせん】【left field line】
　本塁と三塁を結ぶ線の延長線上のライン。

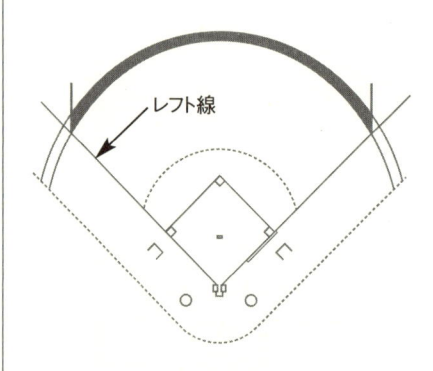

レベニューシェアリング
【れべにゅーしぇありんぐ】
【revenue sharing】
　入場料の分配システムのこと。現在のフランチャイズ制ではなく、全入場料収入を折半したり、勝敗によって配分する方法。

レベルスイング
【れべるすいんぐ】【level swing】
　地面と平行に振るスイング(レベルスイングの他にアッパースイングとダウンスイングがある)。

連係プレイ
【れんけいぷれい】
　二人以上の野手が協力して、ボールを中継したりするプレイのこと。

練習球
【れんしゅうきゅう】
　試合では使えない練習用のボール。公認球より価格が安く、練習は練習球を使用するチームがほとんど。

練習試合
【れんしゅうじあい】【fanning bee】
　公式戦ではない試合のこと。オープン戦。自チームを2班に分けて行う試合も練習試合という。

連続ヒット
【れんぞくひっと】
【consecutive hitting streak】
　① 一人の打者が連続してヒットを打つこと。
　② 打順が続いている二人の打者がヒットを打つこと。

連続ホーマー
【れんぞくほーまー】
【back-to-back home run】
　① 同じ選手が2打席連続でホームランを打つこと(2打席連続ホームラン)。
　② 二人続けてホームランを打つこと(二者連続ホームラン)。

連打
【れんだ】
　二人の打者が、続けてヒットを打つこと。

ロージンバッグ
【ろーじんばっぐ】【rosin bag】
　ボールやバットが滑らないよう手につける滑り止め。白い滑り止めの粉が入った袋で投手が使用するものは投手板の後ろに、打者用はネクストバッターサークル内に置くことになっている。

ロースター（登録）
【ろーすたー（とうろく）】
【Roster Registration】
　メジャーリーグの登録選手枠のこと。25人枠と40人枠の二つがある。25人枠に登録されている選手は開幕から8月31日までベンチ入りできる。25人枠に入っていない40人枠の選手は、マイナーのロースターに登録されマイナーの試合に出場でき、9月1日からはメジャーリーグのベンチ入りができる。

ローテーション
【ろーてーしょん】【rotation】
　複数の先発投手を順番に登板させ、回転させること。
→先発ローテーション

対戦相手	1	2	3	4	5	6	7	8	9	10	11	12	13	14	15
	H	H	H	休	Y	Y	Y	休	R	R	R	休	T	T	T
投手	A	B	C		D	A	B		C	D	A		B	C	D

中4日のローテーション

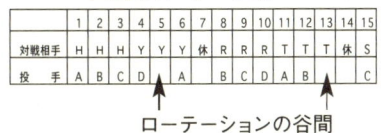

ローテーションの谷間
【ろーてーしょんのたにま】
【spot starter】
　先発投手のローテーションが空いた日（登板するローテーション投手がいない）のこと。

中4日のローテーション

対戦相手	1	2	3	4	5	6	7	8	9	10	11	12	13	14	15
	H	H	H	Y	Y	Y	休	R	R	R	T	T	T	休	S
投手	A	B	C	D				B	C	D	A	B			C

ローテーションの谷間

ロードゲーム
【ろーどげーむ】【road game】
　相手チームの本拠地での試合のこと。アウェーともいう。

ローボールヒッター
【ろーぼーるひったー】
【low-ball hitter】
　低めのボールを良く打つ打者。低めに強い打者。

ロサンゼルスエンゼルス
【ろさんぜるすえんぜるす】
【Los Angeles Angels】
　米国ロサンゼルスを本拠地にするメジャーリーグの球団。アリーグに所属。1961年に誕生。2002年にワールドシリーズを制覇した。

ロサンゼルスドジャース
【ろさんぜるすどじゃーす】
【Los Angeles Dodgers】
　米国ロサンゼルスを本拠地にするメジャーリーグの球団。ナリーグに所属。1890年、ブルックリンブライドグルームスとして創設。1955年のワールドシリーズで、通算8度目の挑戦で世界一に輝く。1958年にロサンゼルス移転。ナリーグ優勝18回、ワールドシリーズ優勝6回。

ロッキングモーション
【ろっきんぐもーしょん】
【rocking motion】
　ピッチャーが投球前に腕を振る動作のこと。

ロングティー
【ろんぐてぃー】
　網に向かって打つのではなく、広いグラウンドで遠くへ飛ばすティーバッティング。

ロングヒット
【ろんぐひっと】
【extra-base hit/long hit】
→長打

ロングヒッター
【ろんぐひったー】
→長距離打者
→大砲

ロングリリーフ
【ろんぐりりーふ】【long reliever】
　救援で3回以上投げること。

ワールドベースボールクラシック
【わーるどべーすぼーるくらしっく】
【World Baseball Classic】
→WBC

ワイルドカード
【わいるどかーど】【wild card】
　メジャーリーグのペナントレースで各地区2位のチームで一番勝率が高いチーム。地区優勝シリーズ（プレーオフ）へ出場できる。

ワイルドピッチ
【わいるどぴっち】
【wild pitch (WP)/ overthrow】
→暴投

ワインドアップ（モーション）
【わいんどあっぷ（もーしょん）】
【windup】
　投手が両腕をあげ、振りかぶって投げる投げ方。

ワインドアップポジション
【わいんどあっぷぽじしょん】
【windup position】
　投球姿勢の一つ。投手が軸足を投手板に置き、ボールを両手で保持しワインドアップモーションの姿勢をとったらワインドアップポジションをとったものと見なされる。

ワシントンナショナルズ
【わしんとんなしょなるず】
【Washington Nationals】
　米国ワシントンを本拠地にするメジャーリーグの球団。ナリーグに所属。1969年、カナダ初のチームとして誕生。2002年開幕前に球団削減候補に挙げられ、MLB機構が運営。2005年ワシントンに移転。

ワールドシリーズ
【わーるどしりーず】
【World Series】
　メジャーリーグの優勝決定戦。地区優勝シリーズ、リーグ優勝戦を勝ち抜いてきたアリーグとナリーグの代表チームが、世界一をかけて試合をする。

ワンサイドゲーム
【わんさいどげーむ】
【one-side game/wipe-out】
　一方的に大差がついた試合。

ワンアウト（ワンダウン）
【わんあうと】【one down】
　イニングで一つ目のアウト。

ワンバウンド
【わんばうんど】【one-hopper】
　一度地面についてバウンドしたボール。

ワンポイントリリーフ
【わんぽいんとりりーふ】
【spot reliever】
　一人だけと対戦して降板する救援投手。

野球用語辞典

2008年2月10日　第1版第1刷発行

監　　修　西井哲夫
著　　者　野球用語研究会
著者代表　大田川 茂樹

[参考図書]
The Visual Dictionary of Baseball
THE NEW BASEBALL DICTIONARY

[協力]
千葉西リトルシニア
秋津ボーイズ

[英語表記協力]
山下順子

[イラスト]
大田川敬介

発 行 所　株式会社 舵社
〒105-0013 東京都港区浜松町1-2-17
TEL. 03-3434-5181　FAX. 03-3434-5184

発 行 者　大田川茂樹
装　　丁　木村 修
印 刷 所　大日本印刷株式会社

無断複写・複製を禁じます

ⒸPublished by KAZI CO., LTD. Printed in japan
ISBN978-4-8072-6531-2